코치학원교육총서

일본유학시험대비
모의고사문제집

종합과목

JAPAN AND THE WORLD

EXAMINATION FOR JAPANESE UNIVERSITY ADMISSION FOR INTERNATIONAL STUDENTS

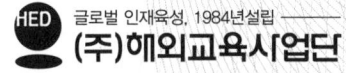

머 리 말

일본유학시험(EJU)은 일본의 대학에 입학을 희망하는 유학생을 대상으로 하는 공통 시험입니다. 대학 등에서 필요로 하는 일본어 능력 및 각 과목의 기초학력을 평가하는 것을 목적으로 하고 통상 1년에 2회 실시됩니다.

일본유학시험에서는 기초적인 지식뿐만 아니라 종합적인 고찰력과 사고력이 필요합니다. 또한 정해진 시간 안에 재빠르게 정답에 도달하기 위한 독해력과 판단력도 요구되는 데다가, 마크시트 형식이라고 하는 독특한 해답 형식에 익숙해질 필요도 있습니다. 이러한 시험에서 고득점을 받기 위해서는 일본유학시험과 동일한 형식으로 출제된 양질의 문제를 많이 접하는 것이 효과적입니다.

이 책은 위와 같은 점을 근거로 하여 과거에 EJU에 출제된 문제를 철저하게 연구·분석한 다음 작성된 모의고사 문제집입니다. 형식·내용·레벨에 대해 실제 시험에 가까운 문제가 전 10회분 수록되어 있어 실전처럼 시험에 많이 도전할 수 있게 되어 있습니다. 또한 권말에는 정답뿐만 아니라 해설도 함께 포함되어 있습니다. 이 책을 활용함으로써 학력의 향상과 함께 흔들림 없는 자신감을 몸에 익힐 수 있을 것입니다.

이 「일본유학시험(EJU) 대비 모의고사 문제집」 시리즈 및 코치학원 발행의 자매서를 철저하게 학습하고 여러분이 희망하는 미래로 나아가 활약하시기를 바랍니다.

2022년 8월

(주)해외교육사업단

┤ 이 책에 대해서 ├

유학생을 위한 진학예비교인 코치학원은 지금까지 일본유학시험(EJU)에 출제된 문제를 분석하여 유학생 여러분이 어떻게 학습하면 시험에 대응할 수 있는 실전능력을 기를 수 있는지를 연구해 왔습니다. 이 책은 그 오랜 세월에 걸친 연구의 성과를 포함한 문제집입니다.

▶ 일본유학시험 (EJU) 「종합과목」에 대해서

일본유학시험은 1년에 2회, 6월과 11월에 실시됩니다. 출제 과목은 「일본어」, 「이과」 (물리·화학·생물), 「종합과목」 및 「수학」입니다만, 「종합과목」과 「이과」를 동시에 선택할 수는 없습니다. 「종합과목」은 문과의 학부나 학과 등에서 다수 지정되고 있습니다만, 수험할 때에는 일본의 각 대학 등이 지정하는 수험 과목을 선택하여 수험하게 되어 있으므로 충분히 주의할 필요가 있습니다.

「종합과목」은 시험 시간이 80분, 해답 방식은 마크시트 방식이며 문제 수는 최근에는 전 38문제가 출제되고 있습니다. 「다문화 이해의 시야에서 본 현대의 세계와 일본」이라고 하는 테마를 근간으로 하는 문제가 고등학교의 학습 지도 요령을 참고로 하면서 정치·경제·사회를 중심으로 지리, 역사의 각 분야로부터 종합적으로 출제됩니다.

또한 「종합과목」은 출제범위가 매우 넓은 것은 물론입니다만 미시 경제학이나 정치학 등, 일본의 고등학교에서의 학습 범위를 훨씬 넘어서는 문제가 출제되는 점, 나아가 대학 입학 공통 테스트의 출제 내용과도 다른 경향을 가지는 점 등에서 「수학」 등에 비하면 대책을 세우기 어렵다는 특징이 있습니다.

▶ 이 책의 특징

1. 일본유학시험(EJU) 「종합과목」의 기출문제와 동일한 구성으로 문제를 출제했습니다.
   최근 「종합과목」은 전 38문항인 것이 많기 때문에 이 책도 같은 문제수로 하고 있습니다. 또 역사, 지리라고 하는 각 분야의 문제수의 배분도 실제의 시험과 거의 동일하게 하고 있습니다.

2. 수록한 데이터는 최신 자료를 활용하여 문제를 출제했습니다.
   특히, 경제 분야나 지리 분야에서는 최신의 데이터를 아는 것이 중요합니다. 예를 들면 현재의 일본의 일반 회계 세수에서 가장 많은 세목이 소득세라고 생각하고 시험을 맞이한다면 치명적인 결과를 초래할 수 있습니다. 이 책에서는 가능한 한 최신의 데이터에 근거하여 문제를 작성하고 있습니다.

3. 실제 「종합과목」에 출제된 내용을 가득 담았습니다.

영국의 산업혁명이나 수요 곡선, 공급 곡선 등 실제의 시험에서 자주 나오는 문제는 이 책에서도 많이 출제하고 있습니다. 또 오류의 선택지에도 출제 이력이 있는 사항을 많이 포함하고 있습니다. 각 선택지의 내용이나 정오를 빠트리지 않고 음미함으로써 실제의 시험에 대응할 수 있는 실력이 더욱 길러질 것입니다.

4. 정답과 해설의 포인트가 알차게 수록되어 있습니다.

문제를 풀었으면 반드시 「정답」과 대조해 봅시다. 정답의 해답 번호에 「★」가 붙어 있는 것은 일본유학시험의 실전에서 과거에 몇 번이나 출제된 중요한 사항입니다. 정답을 맞출 때까지 여러 번 도전합시다. 또 해설을 잘 읽고 복습하여 문제를 푸는 방법이나 올바른 지식을 몸에 익힙시다.

5. 10회분의 모의고사로 자신의 약점과 문제점을 체크할 수 있습니다.

본 문제집에는 10회분의 모의고사가 수록되어 있습니다. 실제 시험에 가까운 문제를 많이 풀어보고 자주 틀리는 문제 등을 체크하여 자신의 약점을 보강함으로써 실제 시험에서 고득점 할 수 있는 능력을 높일 수 있습니다.

▶ 마크시트 기입 상의 주의점

일본유학시험 「종합과목」의 해답용지는 답의 마크 부분을 연필로 칠하는 마크 시트 방식입니다. 마크의 방법이 흐리면 채점되지 않기 때문에 반드시 HB 연필을 사용하여 확실히 칠하고 정정하고 싶은 경우에는 그 마크를 플라스틱 지우개로 깨끗이 지워 주세요. 정해진 장소 이외는 기입하지 마시고 시트를 더럽히지 않도록 주의합시다.

▶ 이 책의 사용법

이 책 10회분의 「모의고사문제」와 「정답과 해설」은 일본유학시험에 필요한 실력을 효율적으로 늘려가는 학습을 가능하게 합니다.

시험 대책에서는 일본유학시험의 형식에 익숙해지는 것이 중요합니다. 시험의 경향에 따른 모의고사에서 일본유학시험과 같은 시간, 같은 해답 용지, 필기구를 사용하여 임해 봅시다. 해답 후에는 채점 결과를 분석하고 자신의 약점인 잘 모르는 분야나 부족한 지식을 파악해 주세요. 서투른 분야나 약한 점을 중점적으로 복습하고 향후의 공부에 활용함으로써 보다 효율적으로 성적을 올릴 수 있습니다.

위와 같은 흐름에 따라서 이 책의 모의고사 문제를 반복하여 푸는 것으로 기초실력에 더해 종합적인 고찰능력과 사고력, 제한된 시간에 해답할 수 있는 독해력과 판단력 등 일본유학시험에 필요한 실력이 자연스럽게 몸에 배어 갑니다.

목 차

머리말 ································ iii

이 책에 대해서 ················ iv

모의고사 제 1 회 ················ 1

모의고사 제 2 회 ················ 25

모의고사 제 3 회 ················ 47

모의고사 제 4 회 ················ 69

모의고사 제 5 회 ················ 91

모의고사 제 6 회 ················ 113

모의고사 제 7 회 ················ 135

모의고사 제 8 회 ················ 159

모의고사 제 9 회 ················ 185

모의고사 제10회 ················ 209

정답과 해설 ······················ 233

부 록 ································ 245

모의고사

제 1 회

問1 次の文章を読み，下の問い(1)～(4)に答えなさい。

　スペイン（Spain）では，フランコが1936年に植民地の　a　で反乱を起こし，1939年に勝利して以降，1975年まで独裁体制を敷いた。フランコ独裁下のスペインは，第二次世界大戦後，1953年のアメリカ（USA）との条約締結と1955年の国際連合（UN）加盟により国際社会に復帰すると，経済の改革・開放を進め，₁1950年代末から1973年にかけて高度経済成長を成し遂げた。

　フランコの死後，スペインは，1978年制定の新憲法により₂立憲君主制に移行し，1986年にはEC（欧州共同体）に加盟した。現在は，自動車や機械類などの工業製品だけでなく，₃オリーブやぶどうなどの農産品の生産も盛んで，EU（欧州連合）内で4番目の経済規模の国に成長している。

(1) 文章中の空欄　a　に当てはまる語として最も適当なものを，次の①～④の中から一つ選びなさい。　1

① アルゼンチン（Argentine）
② チュニジア（Tunisia）
③ モロッコ（Morocco）
④ フィリピン（Philippines）

(2) 下線部**1**に関して，日本も同時期に高度経済成長を経験した。日本の高度経済成長に関する記述として最も適当なものを，次の①～④の中から一つ選びなさい。　**2**

① 池田勇人内閣は，国民所得倍増計画を策定して経済成長を目指すとともに，公害対策基本法を制定して環境問題への配慮を示した。

② 製造業を中心とする第二次産業が拡大し，特に機械，金属，化学などの重化学工業の発展が著しかった。

③ 1960年代前半までは国際収支の天井の問題が生じたが，1960年代後半には外国人観光客からの外貨収入が増加してこの問題を克服した。

④ 日本の高度経済成長は，プラザ合意（Plaza Accord）後に円高が進行したことを契機として終わりを告げた。

(3) 下線部**2**に関して，2021年の時点で立憲君主制を採用している国として最も適当なものを，次の①～④の中から一つ選びなさい。　**3**

① ニュージーランド（New Zealand）

② ポルトガル（Portugal）

③ フランス（France）

④ サウジアラビア（Saudi Arabia）

(4) 下線部**3**に関して，オリーブやぶどうは主に地中海性気候に属する地域で生産されている。地中海性気候に属する都市のハイサーグラフとして最も適当なものを，次の①〜④の中から一つ選びなさい。　4

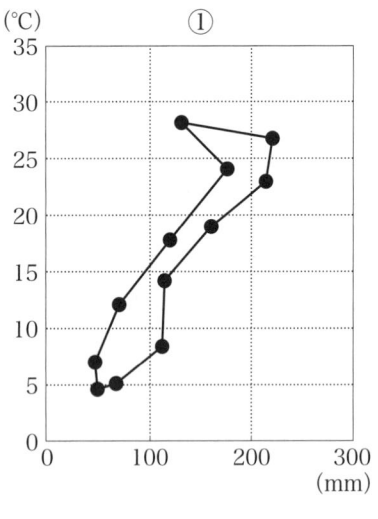
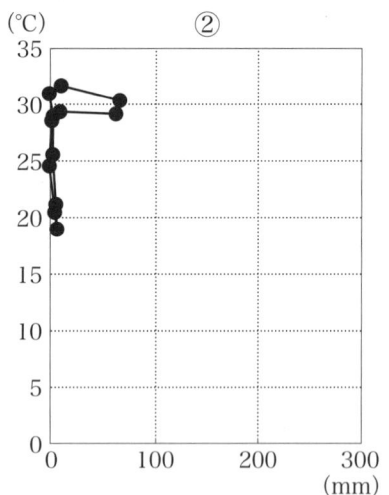
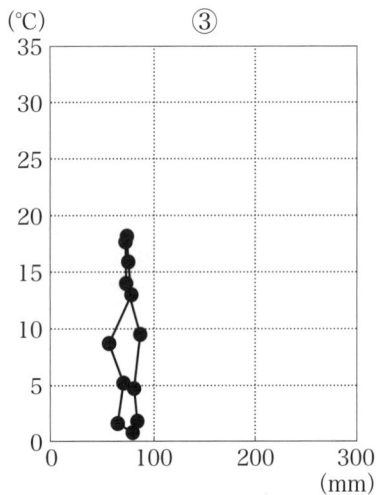
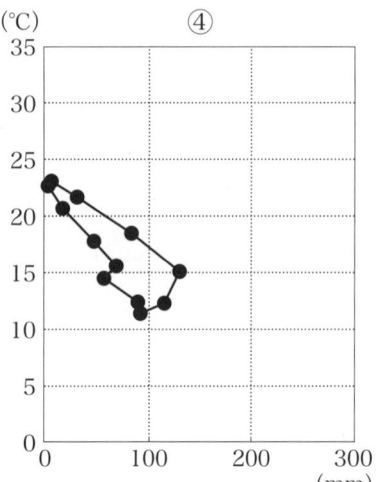

気象庁ウェブサイトより作成

問2 次の会話を読み，下の問い(1)～(4)に答えなさい。

よし子：2020年1月，イギリス（UK）は₁EUを離脱しましたね。

先　生：はい。2016年の₂国民投票からおよそ4年かかりました。その国民投票の結果を見ると，₃イングランド（England）では離脱支持が残留支持を上回りましたが，スコットランド（Scotland）ではその逆になるなど，地域によって結果が異なりました。

よし子：スコットランドでは2014年にイギリスからの独立を問う住民投票がおこなわれるなど，₄独立の機運が高まっていますし，政情が不安定にならないか心配です。

先　生：そうですね。今後の動向を注意して見ていかなければなりませんね。

(1) 下線部1に関して，EUの共通通貨ユーロに関する記述として最も適当なものを，次の①～④の中から一つ選びなさい。 | 5 |

① ユーロは，マーストリヒト条約（Maastricht Treaty）の発効により，EUの発足と同時に導入された。

② ユーロ圏の国の中央銀行は独自に金融政策をおこなうことができ，ECB（欧州中央銀行）はユーロ圏の国の中央銀行に助言する権限のみを持つ。

③ 加盟国の企業は，EU域外の国との貿易決済の通貨としてユーロを用いることが義務づけられている。

④ ユーロを導入するには，単年度の財政赤字や政府債務残高の対GDP（国内総生産）比を基準内に抑えなければならないなど，いくつかの条件がある。

(2) 下線部2に関して，イギリスの国民投票でEUからの離脱支持が過半数を超えた理由と考えられることとして最も適当なものを，次の①～④の中から一つ選びなさい。

6

① イギリスへの移民が減少し，国内の労働需要を賄えなくなったため。

② EUの設定した域外関税が高く，輸入品が割高なため。

③ 主権の一部がEUに移譲され，自国のアイデンティティが損なわれているため。

④ 植民地主義が想起されるとして，EUから海外領土の放棄を求められたため。

(3) 下線部 3 に関して，イングランドとスコットランドは次の地図中のどこに位置するか。組み合わせとして最も適当なものを，下の①～④の中から一つ選びなさい。 7

	イングランド	スコットランド
①	B	A
②	B	C
③	D	B
④	D	C

(4) 下線部 4 に関して，分離独立の問題を抱える国と地域に関する記述として最も適当なものを，次の①～④の中から一つ選びなさい。　　　　　　　　　　　　8

① チェコスロバキア（Czechoslovakia）のコソボ（Kosovo）自治州では，独立の是非を問う住民投票がおこなわれ，独立賛成が多数を占めたが，政府は独立を認めていない。

② フランス系住民が多く，フランス語（French）が州の公用語とされているカナダ（Canada）のケベック州（Quebec）では，分離・独立を求める運動がたびたび起きている。

③ ドイツ（Germany）では，1990年の統一以降国内最大の人口と経済力を持つ北部のバイエルン州（Bavaria）で独立運動が起こっており，連邦解体が危惧されている。

④ オランダ語（Dutch）のみを公用語とするベルギー（Belgium）では，フランス語（French）を話す住民が多く住むフランドル（Flanders）地域で独立派によるテロが起こった。

問3 次のグラフは，ある財の完全競争市場における需要曲線DDと供給曲線SSとを示したものである。この財の原材料費が上昇した場合，そのことによって生じる変化に関する記述として最も適当なものを，下の①〜④の中から一つ選びなさい。 9

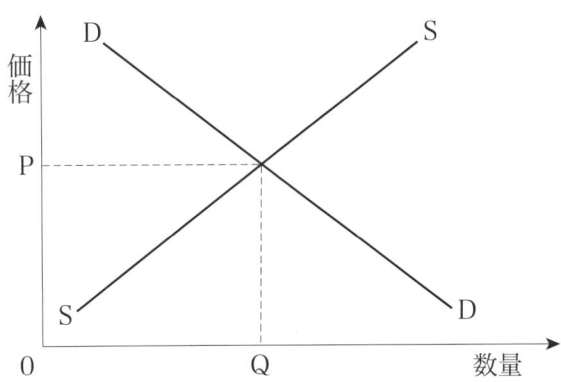

① 需要曲線が右上にシフトし，財の価格が上がる。
② 需要曲線が左下にシフトし，財の価格が下がる。
③ 供給曲線が左上にシフトし，財の価格が上がる。
④ 供給曲線が右下にシフトし，財の価格が下がる。

問4　次の表は，X国とY国が毛織物とワインをそれぞれ1単位生産するときに必要な労働量を人数で示したものである。ただし，これらの生産には労働しか用いられないとする。この場合での比較生産費説の考え方として最も適当なものを，下の①〜④の中から一つ選びなさい。　10

	毛織物	ワイン
X国	100人	120人
Y国	90人	80人

① 両国が両財を生産し続けたうえで，X国がワインをY国へ輸出すべきである。
② X国はワインの生産に特化し，Y国は毛織物の生産に特化して，それぞれのもう片方の財は相手国から輸入すべきである。
③ 両国が両財を生産し続けたうえで，Y国が毛織物をX国へ輸出すべきである。
④ X国は毛織物の生産に特化し，Y国はワインの生産に特化して，それぞれのもう片方の財は相手国から輸入すべきである。

問5　企業家が失敗を恐れずに，それまでにはなかった新しい組織，技術，生産方法などを取り入れていくことを「イノベーション」と呼んだ経済学者として最も適当なものを，次の①〜④の中から一つ選びなさい。　11

① シュンペーター（Joseph Schumpeter）
② トービン（James Tobin）
③ マーシャル（Alfred Marshall）
④ マルクス（Karl Marx）

問6 インフレーションとデフレーションの影響に関する記述として最も適当なものを，次の①〜④の中から一つ選びなさい。　12

① インフレーションは通貨の価値が上がるので，消費や投資は減少する。
② インフレーションは，通貨量が増加すると発生しやすい。
③ デフレーションになると，商品の価格が安くなるため，好況になる。
④ デフレーションになると，企業や家計の債務負担が実質的に軽くなる。

問7 金融に関する記述として最も適当なものを，次の①〜④の中から一つ選びなさい。　13

① 日本銀行によるゼロ金利政策は，預金準備率を０％に誘導する政策である。
② 信用創造により，当初の預金額以上にマネーストックが増加する。
③ 企業は，銀行の貸出金利が低下すると，設備投資を減少させる傾向がある。
④ 金融市場における利子率は，資金の供給量が需要量に比べて増大すれば上昇する。

問8 日本の所得税に関する記述として最も適当なものを，次の①〜④の中から一つ選びなさい。　14

① 累進課税であるため，所得格差を小さくする効果がある。
② 景気の過熱を抑えるため，1980年代に導入された。
③ 国税・間接税に区分される。
④ 企業の利潤に対して課税される税である。

問9 次のグラフは，1973年から2020年までの円の対ドル為替レートの推移を示したものである。グラフ中のA～Dの時期に起きた出来事の記述として最も適当なものを，下の①～④の中から一つ選びなさい。 15

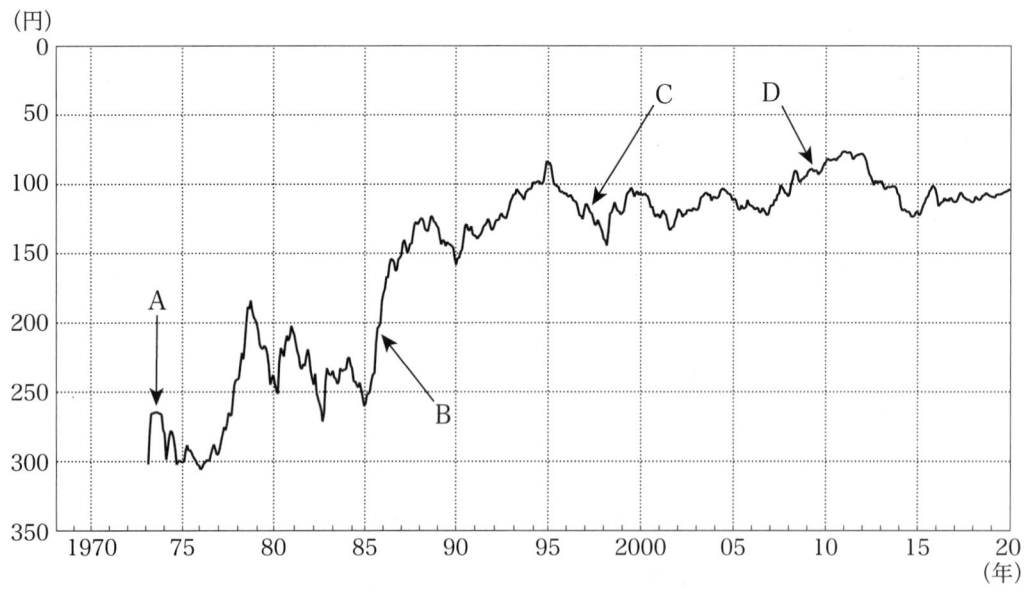

日本銀行ウェブサイトより作成
注）縦軸の「円」は，東京外国為替市場でのドル当たり円のことである。

① Aの時期には，NAFTA（北米自由貿易協定）が発足した。
② Bの時期には，サミット（先進国首脳会議）が始まった。
③ Cの時期には，アジア（Asia）通貨危機が起こった。
④ Dの時期には，ニクソン・ショック（Nixon Shock）が起こった。

問10 同一業種の複数の企業が価格や生産量などについて協定を結ぶことを何と呼ぶか。最も適当なものを，次の①～④の中から一つ選びなさい。 16

① コンツェルン
② トラスト
③ コングロマリット
④ カルテル

問11 環境保護のための条約に関する記述として最も適当なものを，次の①～④の中から一つ選びなさい。　17

① ラムサール条約（Ramsar Convention）は，生物資源の持続可能な利用と遺伝資源の利用から得られる利益の公正な分配とを図ることを目的とする。
② モントリオール議定書（Montreal Convention）は，絶滅のおそれがある野生動植物の国際取引を規制する条約である。
③ ワシントン条約（Washington Convention）は，水鳥の生息地として国際的に重要な湿地とその動植物の保全を目的とする。
④ バーゼル条約（Basel Convention）は，水銀やカドミウムなどの有害廃棄物の輸出入を規制する条約である。

問12 世界の社会保障制度の発展に関する記述として最も適当なものを，次の①～④の中から一つ選びなさい。　18

① 17世紀前半にドイツにおいて制定された救貧法は，公的扶助の先駆けと言われている。
② 19世紀後半のイギリスでは，宰相ビスマルク（Otto von Bismarck）の下で社会保険制度が整備された。
③ 1930年代のドイツでは，ニューディール（New Deal）政策の一環として社会保障法が制定された。
④ イギリスでは，ベバリッジ報告（Beveridge Report）に基づいて，第二次世界大戦後に「ゆりかごから墓場まで」と言われる社会保障制度が整備された。

問13 1960年代の南北問題に関わる国際社会の動きに関する記述として最も適当なものを，次の①～④の中から一つ選びなさい。 19

① インドネシア（Indonesia）でアジア・アフリカ会議（Asian-African Conference）が開催され，平和十原則が採択された。
② DAC（開発援助委員会）は，発展途上国の経済援助のため，OECD（経済協力開発機構）を下部機関として設けた。
③ 国際連合の総会で採択された新国際経済秩序（NIEO）樹立宣言には，天然資源の恒久主権が盛り込まれた。
④ 発展途上国の経済開発促進と南北問題の検討のための機関として，UNCTAD（国連貿易開発会議）が設立された。

問14 よし子さんは，日本時間の8月1日午前8時に，日本からロサンゼルス（Los Angeles）に住む友人に電話をかけた。よし子さんが電話した時点のロサンゼルスにおける日時として最も適当なものを，次の①～④の中から一つ選びなさい。なお，東京の標準時子午線は東経135度，ロサンゼルスの標準時子午線は西経120度であり，サマータイムは考慮しないものとする。 20

① 7月31日午後3時
② 7月31日午後4時
③ 8月2日午前0時
④ 8月2日午前1時

問15 2019年の小麦と米の生産量がともに世界最大であった地域として最も適当なものを，次の①〜④の中から一つ選びなさい。　21

① ヨーロッパ（Europe）
② 北アメリカ（North America）
③ アジア
④ 南アメリカ（South America）

問16 次の表は，アメリカ，中国（China），インド（India），ロシア（Russia）における石炭の産出量の推移を示したものである。アメリカに当てはまるものを，下の①〜④の中から一つ選びなさい。　22

単位：万t

	1990年	2000年	2010年	2017年
A	20,183	31,370	53,269	67,540
B	19,337	15,224	22,258	31,281
C	63,204	52,275	44,402	31,960
D	107,988	129,900	342,845	352,356

二宮書店編集部『データブック　オブ・ザ・ワールド2021』より作成

① A
② B
③ C
④ D

問17 次の文中の空欄 a , b に当てはまる語の組み合わせとして最も適当なものを，下の①〜④の中から一つ選びなさい。　23

　2019年の世界の船舶登録数を見ると， a ことから，1位が b ，2位がリベリア (Liberia)，3位がマーシャル諸島 (Marshall Islands) というように，上位を先進国ではなく発展途上国が占めている。

	a	b
①	税などが優遇されている	パナマ
②	税などが優遇されている	メキシコ
③	船舶の管理能力が高い	パナマ
④	船舶の管理能力が高い	メキシコ

注）パナマ (Panama)，メキシコ (Mexico)

問18 トルコで最も信者の多い宗教・宗派として最も適当なものを，次の①〜④の中から一つ選びなさい。　24

① ロシア正教

② ヒンドゥー教

③ プロテスタント

④ イスラム教

問19 次の表は，日本，アメリカ，ポーランド（Poland），イタリア（Italy）の出生率，死亡率，65歳以上人口割合を示したものである。表中のA〜Dに当てはまる国の組み合わせとして最も適当なものを，下の①〜④の中から一つ選びなさい。　25

	出生率 （人口1000人当たり）	死亡率 （人口1000人当たり）	65歳以上人口割合 （％）
A	12.4	8.5	16.0
B	10.2	10.9	17.1
C	7.4	11.0	28.4
D	7.6	10.7	22.6

矢野恒太記念会編『世界国勢図会2020/21年版』より作成

注）出生率と死亡率は，日本とポーランドが2018年，イタリアが2017年，アメリカが2015年の値。
　　65歳以上人口割合は，日本が2019年，それ以外の国が2018年の値。

	A	B	C	D
①	ポーランド	イタリア	日本	アメリカ
②	イタリア	ポーランド	アメリカ	日本
③	アメリカ	ポーランド	日本	イタリア
④	イタリア	アメリカ	ポーランド	日本

問20 日本で見られる地形に関する記述として**適当でないもの**を，次の①～④の中から一つ選びなさい。　26

① 本州の中央部には，標高3000m前後の山が連なる地域がある。
② 三陸海岸や若狭湾岸では，フィヨルド（fjord）が見られる。
③ 関東地方を流れる利根川は，日本で最も流域面積の広い川である。
④ 日本海側より太平洋側の方が，複雑な海岸線が多い。

問21 法の支配に関する記述として最も適当なものを，次の①～④の中から一つ選びなさい。　27

① 多数派の意見が少数派の権利を侵害することがあれば，それは法の支配の原則に反することになる。
② ボーダン（Jean Bodin）は，「王といえども神と法の下にある」という言葉を引用し，コモン・ローによる王権の制限を主張した。
③ 法の支配の考え方は，人間の理性に基づく普遍的な法である自然法よりも議会で制定された法律を優位に置く。
④ 絶対王政が敷かれていた国では，法の支配を実現し，人権を保護するため，裁判所が廃止された。

問22 アメリカ合衆国憲法が制定される際に影響を受けたものとして最も適当なものを，次の①～④の中から一つ選びなさい。　28

① モンテスキュー（Charles de Montesquieu）の権力分立論
② ウェーバー（Max Weber）の支配の正当性
③ リンカーン（Abraham Lincoln）の奴隷解放宣言
④ ロック（John Locke）の王権神授説

問23 次の文章は，日本国憲法第13条を示したものである。空欄 a に当てはまる語として最も適当なものを，下の①～④の中から一つ選びなさい。 29

すべて国民は，個人として尊重される。生命，自由及び幸福追求に対する国民の権利については， a に反しない限り，立法その他の国政の上で，最大の尊重を必要とする。

① 社会の安寧
② 内閣の命令
③ 両性の平等
④ 公共の福祉

問24 日本国憲法で保障されている社会権として最も適当なものを，次の①～④の中から一つ選びなさい。 30

① 裁判を受ける権利
② 生存権
③ 環境権
④ 財産権

問25 日本の地方制度に関する記述として最も適当なものを，次の①〜④の中から一つ選びなさい。　31

① 1990年代の地方制度改革により，地方公共団体は国の許可なく自由に地方債を発行できるようになった。
② 行政の効率化と大規模化を図るため，2000年代に市町村合併が進められた結果，現在の市町村の数は500を下回っている。
③ 地方公共団体の有権者は，一定数以上の署名を集めることで，条例の制定または改廃を求めることができる。
④ 外国人であっても，その地方公共団体に居住していれば，議会選挙や首長選挙で投票することができる。

問26 一般的な選挙制度に関する記述として最も適当なものを，次の①〜④の中から一つ選びなさい。　32

① 大選挙区制では，政党に所属していなければ立候補できない。
② 小選挙区制は，少数政党でも議席を獲得しやすい。
③ 小選挙区制には，大選挙区制よりも死票が少なくなる傾向がある。
④ 比例代表制では，各政党の得票数に応じて議席が配分される。

問27 集団安全保障制度に必要な要素として最も適当なものを，次の①〜④の中から一つ選びなさい。　33

① 対立関係にある国を除くすべての国が参加すること。
② 違法な戦争をおこなう国に対して集団で制裁を加えること。
③ すべての参加国の間で軍事力の均衡が図られること。
④ 核兵器の自国への持ち込みを拒絶すること。

問28 イギリスの産業革命に関する記述として最も適当なものを，次の①〜④の中から一つ選びなさい。　34

① 良質なインド産の毛織物に対抗するため，毛織物工業で技術革新が繰り返された。
② 問屋制家内工業や工場制機械工業が発達した一方で，工場制手工業は衰退した。
③ 石油を燃料とする製鉄法の開発により，鉄の生産量が大幅に増加した。
④ 紡績機や力織機などの動力として蒸気機関が利用され，生産の効率を高めた。

問29 19世紀におけるアフリカの植民地化に関する記述として最も適当なものを，次の①〜④の中から一つ選びなさい。　35

① 1884年にフランスのパリ（Paris）で開かれた会議において，最初に占領した国が領有できるとする権利が承認された。
② オランダ（Netherlands）は，金やダイヤモンドの鉱山が多くあるケープ植民地（Cape Colony）を植民地化した。
③ ドイツ皇帝ヴィルヘルム2世（Wilhelm II）は，自らの所有地としてコンゴ自由国（Congo Free State）を設立した。
④ フランスの横断政策とイギリスの縦断政策が衝突し，ファショダ事件（Fashoda Incident）が起こった。

問30 第一次世界大戦に関する記述として最も適当なものを，次の①〜④の中から一つ選びなさい。　36

① アメリカは，イギリス，フランスと三国協商（Triple Entente）を締結していたため，連合国側に立って参戦した。

② イギリスは，パレスチナ（Palestine）におけるユダヤ人（Jewish people）の民族的郷土建設への支援を，バルフォア宣言（Balfour Declaration）で約束した。

③ オスマン帝国（Ottoman Empire）は，戦車や毒ガス，飛行機などの新兵器を連合国に供給した。

④ イギリスの要請により戦地に赴いた看護師ナイティンゲール（Florence Nightingale）は，傷病兵の看護や，野戦病院の衛生面・栄養面の向上に努めた。

問31 冷戦期の1940年代後半から1950年代にかけての次の出来事A〜Dを年代順に並べたものとして正しいものを，下の①〜④の中から一つ選びなさい。　37

A　朝鮮戦争（Korean War）の勃発
B　ベルリン封鎖（Berlin Blockade）の開始
C　スターリン（Stalin）批判
D　マーシャル・プラン（Marshall Plan）の発表

① A→C→D→B
② B→A→C→D
③ C→D→B→A
④ D→B→A→C

問32 次の文章中の空欄 a , b に当てはまる語の組み合わせとして最も適当なものを，下の①〜④の中から一つ選びなさい。 38

1956年， a 首相がソ連（USSR）を訪問し，ソ連首脳と日ソ共同宣言（Soviet-Japanese Joint Declaration）を発表した。これにより，日本はソ連との国交を回復し， b が実現した。

	a	b
①	鳩山一郎	国際連合への加盟
②	鳩山一郎	サンフランシスコ平和条約の発効
③	佐藤栄作	国際連合への加盟
④	佐藤栄作	サンフランシスコ平和条約の発効

注）サンフランシスコ平和条約（San Francisco Peace Treaty）

모의고사

제2회

問1 次の文章を読み，下の問い(1)〜(4)に答えなさい。

　　₁オーストリア（Austria）出身の物理学者シュレーディンガー（Erwin Schrödinger）は，量子力学の一形式である波動力学や，量子力学の基礎方程式のシュレーディンガー方程式などを提唱し，量子力学の発展に大きく貢献した。₂1933年にはノーベル物理学賞を受賞している。

　　シュレーディンガーが物理学と化学の観点から生命の本質を考察した著書『生命とは何か』は，多くの科学者に影響を与え，₃イギリス（UK）の物理学者クリック（Francis Crick）は，この本を読んで生物学に関心を抱き，後に生物学者としてDNAの構造を明らかにした。

　　ただし，両者とも，生涯を通して研究に専念できたわけではない。第二次世界大戦の際は，シュレーディンガーは₄ナチス（Nazis）政権に追われてアイルランド（Ireland）のダブリン（Dublin）に亡命し，クリックはイギリス海軍で磁気機雷の開発を余儀なくされた。

(1) 下線部1に関して，オーストリアの位置として最も適当なものを，次の地図中の①〜④の中から一つ選びなさい。　　　1

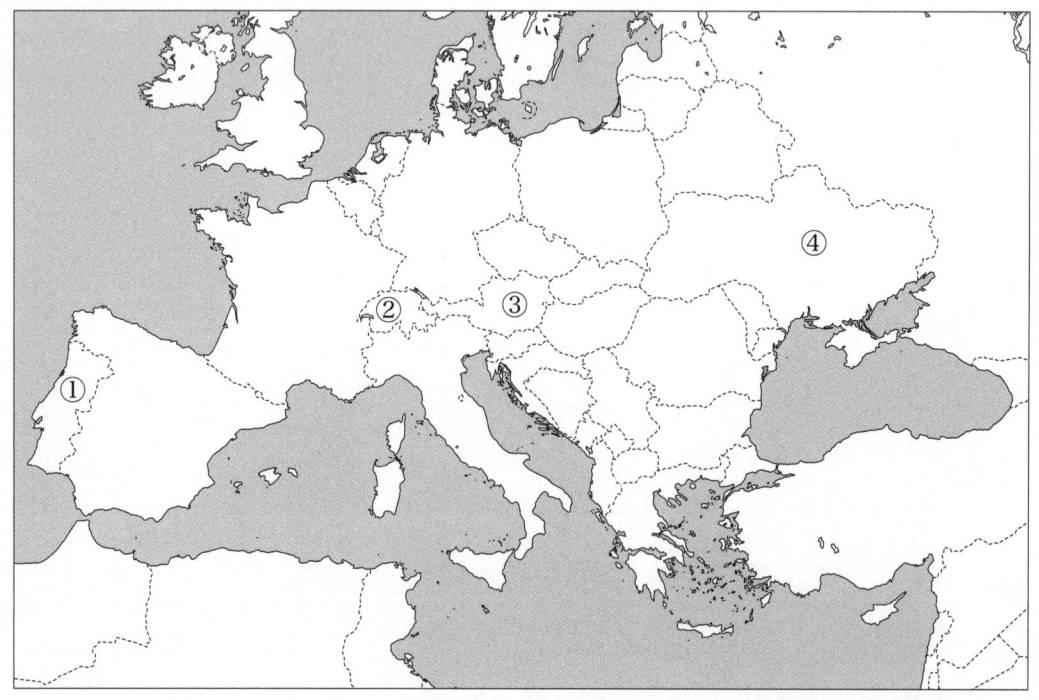

(2) 下線部 2 に関して，1933年にアメリカ（USA）大統領に就任したフランクリン・ローズベルト（Franklin D. Roosevelt）は，ニューディール（New Deal）政策を実施した。ニューディール政策に関する記述として最も適当なものを，次の①〜④の中から一つ選びなさい。　　2

① 農業調整法を制定し，農民に補償金を支払って農産物を大量に生産させ，農産物の価格を引き下げた。
② テネシー川流域開発公社（TVA）を解体するなど，公共事業を大幅に削減し，政府支出を減らした。
③ 全国産業復興法に基づき，工業製品の価格協定を禁止して，自由競争による景気の回復を図った。
④ 労働者の団結権・団体交渉権を保障するワグナー法（Wagner Act）により，使用者が労働者の団結権行使を妨害することが禁止された。

(3) 下線部 3 に関して，第二次世界大戦後のイギリスの政治制度に関する記述として最も適当なものを，次の①〜④の中から一つ選びなさい。　　3

① 首相は，議会に議席を持たない。
② 下院議員は，比例代表制の選挙によって選出される。
③ 上院に対する下院の優位が確立している。
④ 野党は常に「影の内閣」を組織しているが，政権交代は起こったことがない。

(4) 下線部 4 に関して，ナチス政権がおこなったこととして最も適当なものを，次の①〜④の中から一つ選びなさい。　　4

① 全権委任法の制定
② ドレフュス（Alfred Dreyfus）の逮捕
③ 不戦条約（Kellogg-Briand Pact）への調印
④ ワシントン海軍軍縮条約（Washington Naval Treaty）の破棄

問2 次の文章を読み，下の問い(1)～(4)に答えなさい。

　　₁シンガポール (Singapore) は，₂東南アジア (Southeast Asia) の中心に位置する。1965年に独立して以降，海上交通や航空交通の要衝としての立地の優位性を活かし，外国から₃強権的な政治を批判されながらも，国内の法制度の整備や，多くの外国企業の誘致，金融市場の国際金融センター化などをおこなって，経済発展を実現させた。2018年現在，シンガポールの₄一人当たりGNI（国民総所得）は，5万ドルを上回るまでになっている。

(1) 下線部1に関して，かつてシンガポールは海峡植民地の一部であった。19世紀にマレー半島（Malay Peninsula）に海峡植民地を築いた国として最も適当なものを，次の①～④の中から一つ選びなさい。　5

　① ポルトガル（Portugal）
　② アメリカ
　③ フランス（France）
　④ イギリス

(2) 下線部 2 に関して，次の表は，2020年におけるシンガポール，ベトナム（Viet Nam），インドネシア（Indonesia）から日本が輸入した上位5品目と輸入額に占める割合を示している。表中のA～Cに当てはまる国名の組み合わせとして最も適当なものを，下の①～④の中から一つ選びなさい。 6

単位：％

A		B		C	
機械類	32.3	機械類	14.4	機械類	35.9
衣類	18.6	石炭	13.7	医薬品	14.8
はきもの	5.0	液化天然ガス	5.9	科学光学機器	8.4
魚介類	4.6	衣類	5.8	有機化合物	8.3
家具	4.3	魚介類	3.9	プラスチック	2.3

矢野恒太記念会編『日本国勢図会2021/22年版』より作成

	A	B	C
①	ベトナム	インドネシア	シンガポール
②	ベトナム	シンガポール	インドネシア
③	インドネシア	ベトナム	シンガポール
④	シンガポール	インドネシア	ベトナム

(3) 下線部 3 に関して，次の文中の空欄 a に当てはまる語として最も適当なものを，下の①～④の中から一つ選びなさい。 7

第二次世界大戦後の東アジア（East Asia）・東南アジア諸国やラテンアメリカ（Latin America）諸国の一部では，自由や民主主義よりも経済発展を優先する， a と呼ばれる政治体制が見られた。

① 全体主義

② 開発独裁

③ イスラム共和制（Islamic republic）

④ 単独行動主義

(4) 下線部4に関して，次のグラフは，日本，ブラジル（Brazil），ロシア（Russia），バングラデシュ（Bangladesh）の一人当たりGNIを，1990年の値を100として示したものである。グラフ中のA～Dに当てはまる国名の組み合わせとして最も適当なものを，下の①～④の中から一つ選びなさい。　8

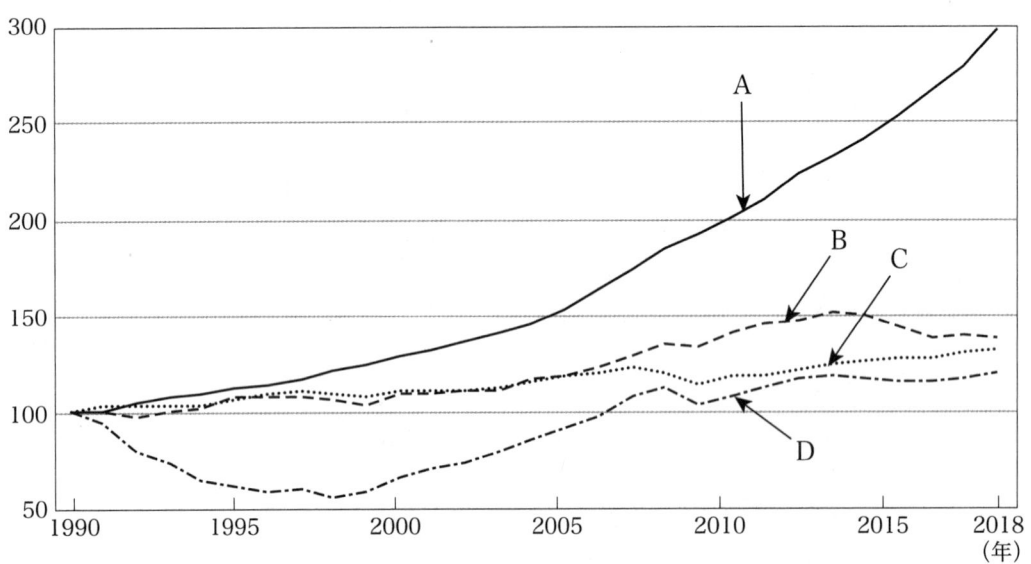

World Bank, World Development Indicators より作成
注） 一人当たりGNIは，2010年基準のアメリカドル。

	A	B	C	D
①	日本	ロシア	バングラデシュ	ブラジル
②	ブラジル	日本	ロシア	バングラデシュ
③	バングラデシュ	ブラジル	日本	ロシア
④	ロシア	バングラデシュ	ブラジル	日本

問3 次の文章中の空欄 a ～ c に当てはまる語の組み合わせとして最も適当なものを，下の①～④の中から一つ選びなさい。 9

次のグラフにおいて，右下がりの曲線DDは， a 曲線である。この曲線が右下がりになるのは，財の価格が下がれば消費者が購入量を増やすためである。一方，右上がりの曲線SSは b 曲線である。この曲線が右上がりになるのは，財の価格が上がれば生産者が生産量を増やすためである。両曲線の交点において均衡価格が決定される。

このグラフにおいて，市場の価格が均衡価格を下回ると， c が発生するようになる。

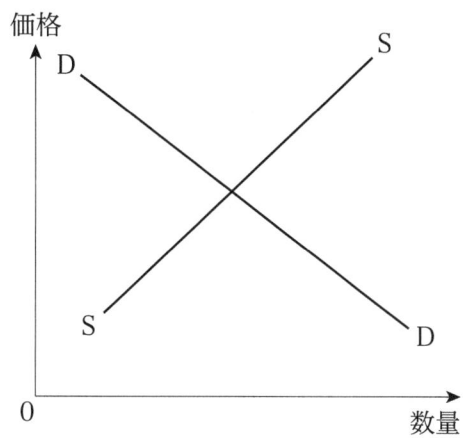

	a	b	c
①	需要	供給	超過需要
②	需要	供給	超過供給
③	供給	需要	超過需要
④	供給	需要	超過供給

問4 外部不経済を発生させる者とその影響を受ける者のどちらに権利があるのかがあらかじめ定まっており，両者の間でおこなわれる交渉に費用が一切かからないのであれば，市場での資源配分と似た方法で社会的利益にかなった問題解決がなされるという考え方がある。この記述に関して，次の文章中の空欄 a ～ d に当てはまる語の組み合わせとして最も適当なものを，下の①～④の中から一つ選びなさい。 10

ある企業の排出する煤煙で年間1億円の被害が近隣の住民に生じるとする。一方，煤煙を防止する機械を設置して使えば，企業に1年当たり5000万円の費用がかかるとする。このとき，上の記述の考え方を採用すれば，当事者間の交渉により，必ず煤煙を防止する機械の設置・使用が実現することになる。企業が操業する権利をもともと持っていれば，住民は企業に年間 a の補償金を支払い，機械を設置・使用してもらって b の被害を防止するであろうし，逆に，住民が静かな環境で暮らす権利を持っていれば，企業は c 分の被害補償額の代わりに， d で機械を設置して使用するであろう。

	a	b	c	d
①	5000万円	1億円	1億円	5000万円
②	5000万円	1億円	5000万円	1億円
③	1億円	5000万円	1億円	5000万円
④	1億円	5000万円	5000万円	1億円

問5 株式会社に関する記述として最も適当なものを，次の①～④の中から一つ選びなさい。 11

① 株式会社の従業員は，その会社の株主になることができない。
② 株式会社の最高意思決定機関は，取締役会である。
③ 株式会社の出資者は，会社が倒産した場合，出資額を限度とする責任を負う。
④ 株式会社の株主総会における議決権は，株主一人につき一票が与えられる。

問 6 景気循環に関する記述として最も適当なものを，次の①～④の中から一つ選びなさい。 12

① ジュグラーの波（Juglar cycle）は，40か月程度を周期とする景気循環であり，在庫調整が原因で起こると考えられている。

② クズネッツの波（Kuznets cycle）は，10年程度を周期とする景気循環であり，設備投資の変動が原因で起こると考えられている。

③ キチンの波（Kitchin cycle）は，20年程度を周期とする景気循環であり，建設投資の変動が原因で起こると考えられている。

④ コンドラチェフの波（Kondratieff cycle）は，50年程度を周期とする景気循環であり，技術革新を契機に起こると考えられている。

問 7 経済学者とその学説に関する記述として最も適当なものを，次の①～④の中から一つ選びなさい。 13

① ケインズ（John Maynard Keynes）は，供給されたものには必ず需要があるので，生産物の総供給と総需要は常に等しいと主張した。

② アダム・スミス（Adam Smith）は，個々人による利益の追求が「見えざる手」によって，結果として社会全体の利益を増大させると説いた。

③ フリードマン（Milton Friedman）は，不況の原因は有効需要の不足にあるため，政府が積極的に経済に介入して有効需要を創出し，完全雇用を達成すべきと主張した。

④ マルクス（Karl Marx）は，自由貿易には後発国に不利益を与える面があるとして，自国の産業を育成するため，政府が輸入制限などの貿易上の制限を設けるべきと説いた。

問8　国債に関する記述として最も適当なものを，次の①～④の中から一つ選びなさい。　14

① 歳出総額に占める公債費の割合が大きくなると，政府の自由に使える経費が少なくなり，財政の硬直化が起こる。

② 国債の大量発行によって政府が金融市場の資金を吸収すると，金利が下がり，企業の資金調達が容易になる。

③ デフレーション下では，中央銀行は金融機関に国債を売却することで，市中の流通通貨量を増やす政策をとる。

④ 国債発行残高が増えすぎると，債務不履行が懸念されることから，信用収縮が起こり，国債価格が大きく上昇する。

問9　通貨・金融制度に関する記述として最も適当なものを，次の①～④の中から一つ選びなさい。　15

① 金本位制の下では，中央銀行の保有する金の量が重視されるため，重商主義に基づく貿易で金の保有量の増大が図られた。

② 金本位制の下では，各国が経済を安定させるために必要な通貨が不足すると，インフレーションが発生し，経済は停滞する。

③ 管理通貨制度は，1944年のブレトンウッズ会議（Bretton Woods Conference）で導入が決定された。

④ 管理通貨制度の下で中央銀行は，金の保有量に関わりなく，金と兌換できない紙幣を発行できる。

問10 次の文章中の空欄 a ～ c に当てはまる語の組み合わせとして最も適当なものを，下の①～④の中から一つ選びなさい。 16

100万円を運用する。現在の為替レートは1ドル＝100円とする。また，ここでは為替取引の手数料はすべて無視する。このとき，アメリカに投資する場合，現在の為替レートでは100万円は a ドルと交換できる。アメリカの1年当たりの金利を5％とすると，この a ドルの投資により1年後に b ドルの利子が得られる。

ただし，このような海外での資産運用には，為替レートによって収益が変動するというリスクがある。1年後の為替レートが1ドル＝60円の場合， a ドルの運用から得られる利子は c 円となり，1ドル＝100円のときよりも少なくなる。このように，海外における1年間の資産運用から得られる収益は1年後の為替レートによって変動する。

	a	b	c
①	1万	50	8万
②	1万	500	3万
③	1億	50	8万
④	1億	500	3万

問11 日本企業が外国に子会社を設立するための投資をおこなった場合，日本の国際収支にはどのように計上されるか。最も適当なものを，次の①～④の中から一つ選びなさい。 17

① 第一次所得収支の黒字として計上される。

② 第一次所得収支の赤字として計上される。

③ 金融収支の黒字として計上される。

④ 金融収支の赤字として計上される。

問12 日本の医療に関する法制度についての記述として最も適当なものを，次の①〜④の中から一つ選びなさい。 18

① 医師は専門的な知識や情報を持つため，患者は医師の指示に従わなければならないと定めた法律がある。

② 難病治療の研究のためであれば，遺伝子技術を用いて人間のクローンを作製することができると定めた法律がある。

③ 末期状態にある患者に対して，投薬したり医療を中断したりして人為的に死に至らせることを認めた法律がある。

④ 脳死状態の患者から心臓などを摘出して，それをレシピエント（移植を受ける患者）に移植することを認めた法律がある。

問13 次の図は，上側に北極中心の北半球の正射図を，下側に地球の地軸を通る断面図を示したものである。ここでは，地球は球体であるとし，また，地球の半径を1とする。oa/ob＝0.707とすると，北緯45度の緯線の円周として最も適当なものを，下の①～④の中から一つ選びなさい。なお，πは円周率である。　19

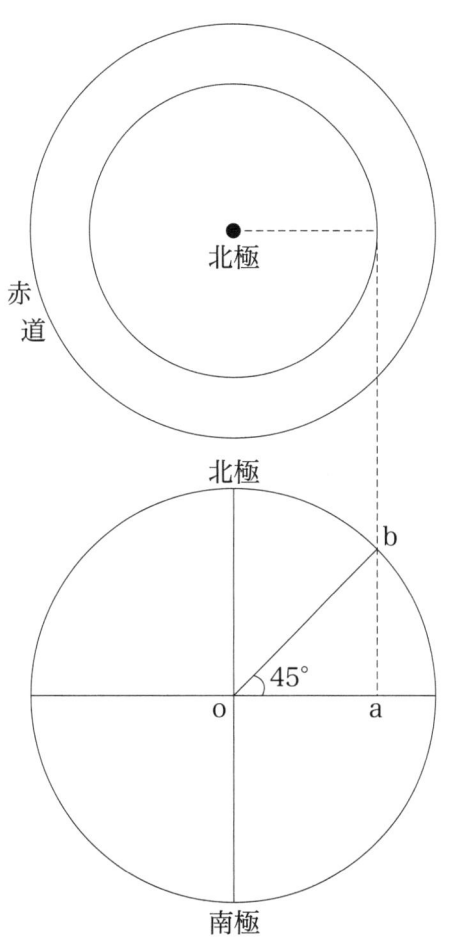

① 0.5×0.707π

② 1.0×0.707π

③ 1.5×0.707π

④ 2.0×0.707π

問14 次の文章中の空欄 a , b に当てはまる語の組み合わせとして最も適当なものを，下の①～④の中から一つ選びなさい。 20

国境の区切り方の一つに，山脈や河川を用いた自然的国境がある。 a 半島の付け根を東西に走る b 山脈は，フランスとスペイン（Spain）の自然的国境となっている。

	a	b
①	イベリア	アルプス
②	イベリア	ピレネー
③	ブルターニュ	アルプス
④	ブルターニュ	ピレネー

注）イベリア（Iberia），ブルターニュ（Brittany），アルプス（Alps），ピレネー（Pyrenees）

問15 回帰線に関する記述として最も適当なものを，次の①～④の中から一つ選びなさい。 21

① 本初子午線と南回帰線の交点は，太平洋上に位置している。
② 南回帰線と北回帰線との間の地域には，寒帯が多く分布している。
③ 日本の鹿児島県に属する屋久島は，北回帰線よりも南に位置している。
④ オーストラリア（Australia）は，国土を南回帰線が通過している。

問16 ケッペン（Wladimir Peter Köppen）の気候区分における，熱帯（A）気候区の判定基準として最も適当なものを，次の①～④の中から一つ選びなさい。 22

① 最寒月の平均気温が18℃以上であること。
② 最暖月の平均気温が22℃以上であること。
③ 最少雨月の降水量が60mm以上であること。
④ 年間降水量が500mm以下であること。

問17 次の表は，原油，石炭，天然ガス，鉄鉱石の産出量上位10か国を示したものである。表中のA～Dには，アメリカ，中国（China），カナダ（Canada），オーストラリアのいずれかが当てはまる。アメリカに当てはまるものを，下の①～④の中から一つ選びなさい。 23

原油	石炭	天然ガス	鉄鉱石
サウジアラビア	B	A	D
ロシア	インド	ロシア	ブラジル
A	インドネシア	イラン	B
イラク	D	C	インド
B	A	カタール	ロシア
イラン	ロシア	B	南アフリカ
C	南アフリカ	ノルウェー	ウクライナ
アラブ首長国連邦	カザフスタン	D	C
クウェート	コロンビア	サウジアラビア	A
ベネズエラ	ポーランド	アルジェリア	イラン

二宮書店編集部『データブック　オブ・ザ・ワールド2021』より作成

注）サウジアラビア（Saudi Arabia），イラク（Iraq），イラン（Iran），アラブ首長国連邦（UAE），クウェート（Kuwait），ベネズエラ（Venezuela），インド（India），南アフリカ（South Africa），カザフスタン（Kazakhstan），コロンビア（Colombia），ポーランド（Poland），カタール（Qatar），ノルウェー（Norway），アルジェリア（Algeria），ウクライナ（Ukraine）
原油と鉄鉱石は2016年，石炭は2017年，天然ガスは2018年の順位。

① A
② B
③ C
④ D

問18 次の表は，1960年と2020年における，世界全体に占める人口比率を地域別に示したものである。表中のA～Cに当てはまる地域の組み合わせとして最も適当なものを，下の①～④の中から一つ選びなさい。24

単位：%

	A	B	C	北アメリカ	ラテンアメリカ	オセアニア
1960年	56.2	9.3	19.9	6.7	7.3	0.5
2020年	59.5	17.2	9.6	4.7	8.4	0.5

矢野恒太記念会編『世界国勢図会2020/21年版』より作成

	A	B	C
①	ヨーロッパ	アフリカ	アジア
②	ヨーロッパ	アジア	アフリカ
③	アジア	ヨーロッパ	アフリカ
④	アジア	アフリカ	ヨーロッパ

注）ヨーロッパ（Europe），アフリカ（Africa），アジア（Asia），北アメリカ（North America），オセアニア（Oceania）

問19 ヘブライ語（Hebrew）を公用語としている国として最も適当なものを，次の①～④の中から一つ選びなさい。25

① イラン
② トルコ（Turkey）
③ イスラエル（Israel）
④ ウズベキスタン（Uzbekistan）

問20 次の文章中の空欄 a , b に当てはまる語の組み合わせとして最も適当なものを，下の①〜④の中から一つ選びなさい。 26

日本列島は，海洋プレート（太平洋プレートと a ）が大陸プレート（ユーラシアプレートと b ）の下に潜り込む，狭まる境界に位置する。そのため，日本列島は，プレート運動によって東西方向の圧縮力を受け，隆起部分が多くなっている。

	a	b
①	北アメリカプレート	インド・オーストラリアプレート
②	北アメリカプレート	フィリピン海プレート
③	フィリピン海プレート	インド・オーストラリアプレート
④	フィリピン海プレート	北アメリカプレート

注）太平洋プレート（Pacific Plate），ユーラシアプレート（Eurasian Plate），北アメリカプレート（North American Plate），フィリピン海プレート（Philippine Sea Plate），インド・オーストラリアプレート（Indo-Australian Plate）

問21 16世紀から18世紀のヨーロッパで敷かれていた絶対王政を支えた理論として最も適当なものを，次の①〜④の中から一つ選びなさい。 27

① 社会契約説
② 立憲主義
③ 王権神授説
④ 国家有機体説

問22 日本国憲法が保障する自由権には，大きく分けて精神の自由，人身の自由，経済活動の自由がある。次の権利A，Bは，それらのどれに属するか。組み合わせとして最も適当なものを，下の①～④の中から一つ選びなさい。　28

A　学問の自由

B　奴隷的拘束・苦役からの自由

	A	B
①	精神の自由	経済活動の自由
②	精神の自由	人身の自由
③	人身の自由	経済活動の自由
④	経済活動の自由	精神の自由

問23 日本における「新しい人権」に関する記述として最も適当なものを，次の①～④の中から一つ選びなさい。　29

① プライバシーの権利を保護するとともに，個人情報を適正かつ効果的に活用するため，個人情報保護法が制定されている。

② 健康で文化的な最低限度の生活を営む権利や，良好な環境を享受できる権利は，新しい人権に含まれる。

③ 政権交代により発足した民主党政権が提唱した人権のことで，「忘れられる権利」が含まれる。

④ 国際人権規約（International Covenant on Human Rights）において定められ，日本に導入された人権のことをいう。

問24 日本の国会に関する記述として最も適当なものを，次の①～④の中から一つ選びなさい。　30

① 国会は「国権の最高機関」であり，内閣総理大臣に対する任免権を持つ。
② 両議院は，全国民を代表する選挙された議員で組織される。
③ 予算の議決について両院の議決が異なった場合，必ず緊急集会が開かれる。
④ 国会は，裁判所が下した判決に疑問があるときは，違憲審査権を行使することができる。

問25 日本の刑事司法制度に関する記述として最も適当なものを，次の①～④の中から一つ選びなさい。　31

① 私人同士の争いを取り扱い，審理は非公開である。
② 警察官は，刑事事件の捜査に基づいて被疑者を起訴するかどうかを決める。
③ 実行時に適法であった行為については，事後に制定された法律で刑事責任を問われることはない。
④ 裁判員裁判の対象事件は，すべての刑事裁判の第一審と第二審である。

問26 国際連盟（League of Nations）に関する記述として**適当でないもの**を，次の①～④の中から一つ選びなさい。　32

① 集団安全保障の考え方が採用された。
② 総会や理事会での表決の方法として，全会一致制が採用された。
③ アメリカが参加しなかった。
④ 決議に従わない国に対して，武力制裁をおこなったことがある。

問27　国連海洋法条約（United Nations Convention on the Law of the Sea）に規定された排他的経済水域に関する記述として最も適当なものを，次の①〜④の中から一つ選びなさい。　33

① 排他的経済水域の設定は，イギリスの海上覇権に打撃を与えるため，ナポレオン（Napoleon Bonaparte）が提唱した。
② 排他的経済水域は，基線から12海里を超えない範囲の水域のことであり，沿岸国の主権が及ぶ。
③ 沿岸国は，排他的経済水域の漁業資源や鉱産資源などの天然資源を保存・管理する権限を持つ。
④ 排他的経済水域では，他国の船舶は沿岸国の許可を得なければ航行することができない。

問28　次の文章中の空欄 a ～ c に当てはまる語の組み合わせとして最も適当なものを，下の①〜④の中から一つ選びなさい。　34

　18世紀後半，フランスの国家財政は， a とのたび重なる戦争により悪化した。そのため，国王ルイ16世（Louis XVI）は改革派を登用して財政改革を図った。しかし，特権身分は課税されることに対して激しく抵抗した。そこで，1789年に三部会が招集されたが，議決方法をめぐり特権身分と b が対立した。 b は三部会から離脱して c を結成し，憲法制定までは解散しないことを誓った。

	a	b	c
①	イギリス	第一身分	国民公会
②	イギリス	第三身分	国民議会
③	スペイン	第一身分	国民議会
④	スペイン	第三身分	国民公会

問29 「諸国民の春」とも呼ばれる1848年の諸革命に関する記述として最も適当なものを，次の①〜④の中から一つ選びなさい。 35

① イギリスでは，議会がカトリックを弾圧する国王を追放し，自由主義者の国王を迎えて権利章典を発布した。
② フランスでは，国王が亡命して王政が崩壊し，社会主義者や労働者の代表も含む臨時政府が樹立された。
③ プロイセン（Prussia）では，フランクフルト（Frankfurt）国民議会が，ビスマルク（Otto von Bismarck）を辞職させた。
④ イタリア（Italy）では，ローマ共和国（Roman Republic）がカブール（Camillo Benso, Count of Cavour）らにより建国されたが，オーストリアに倒された。

問30 日米修好通商条約（Treaty of Amity and Commerce between Japan and the United States）の規定に関する記述として最も適当なものを，次の①〜④の中から一つ選びなさい。 36

① 関税の税率については，日本とアメリカが協定して決める。
② アメリカ人（American）は，日本国内を自由に旅行することができる。
③ 長崎港は，横浜港が開港された後，直ちに閉鎖される。
④ 日本で罪を犯したアメリカ人は，日本人の裁判官が，日本の法に基づき処罰する。

問31 第二次世界大戦後の第三世界（第三勢力）の動向に関する記述として最も適当なものを，次の①～④の中から一つ選びなさい。　37

① 「アフリカの年」と同年に，現在のアフリカ連合（AU）の母体となるアフリカ統一機構（OAU）が結成された。

② インドのネルー（Jawaharlal Nehru）首相とエジプト（Egypt）のナセル（Gamal Abdel Nasser）大統領が，平和五原則を発表した。

③ ユーゴスラビア（Yugoslavia）のベオグラード（Belgrade）で開かれた第1回非同盟諸国首脳会議では，植民地主義の打破が宣言された。

④ インドネシアのバンドン（Bandung）で開かれた東アジア首脳会議（EAS）では，経済や安全保障問題などが協議された。

問32 冷戦終結後の次の出来事A～Dを年代順に並べたものとして正しいものを，下の①～④の中から一つ選びなさい。　38

A　ロシアによるクリミア（Crimea）併合
B　アメリカ同時多発テロの発生
C　第1回G20首脳会議の開催
D　湾岸戦争（Gulf War）の勃発

① B→D→C→A
② B→C→A→D
③ D→A→B→C
④ D→B→C→A

모의고사

제3회

問 1　次の文章を読み，下の問い(1)～(4)に答えなさい。

　「森と湖の国」として知られる₁フィンランド（Finland）は，国土のおよそ3分の2が₂森林で覆われ，湖の数は19万とも言われる。かつての主要産業は木材関連であったが，今日ではエレクトロニクスやICT（情報通信技術）などの先端技術産業が₃GDP（国内総生産）を引き上げている。

　政体は共和政で，2019年12月に当時世界最年少の34歳でサンナ・マリン（Sanna Marin）が首相に就任した。₄マリン政権は，新型コロナウイルス対策に加え，気候変動対策，雇用の創出，社会保障の充実などの課題の達成を目指している。

(1)　下線部1に関して，フィンランドの位置として最も適当なものを，次の地図中の①～④の中から一つ選びなさい。　1

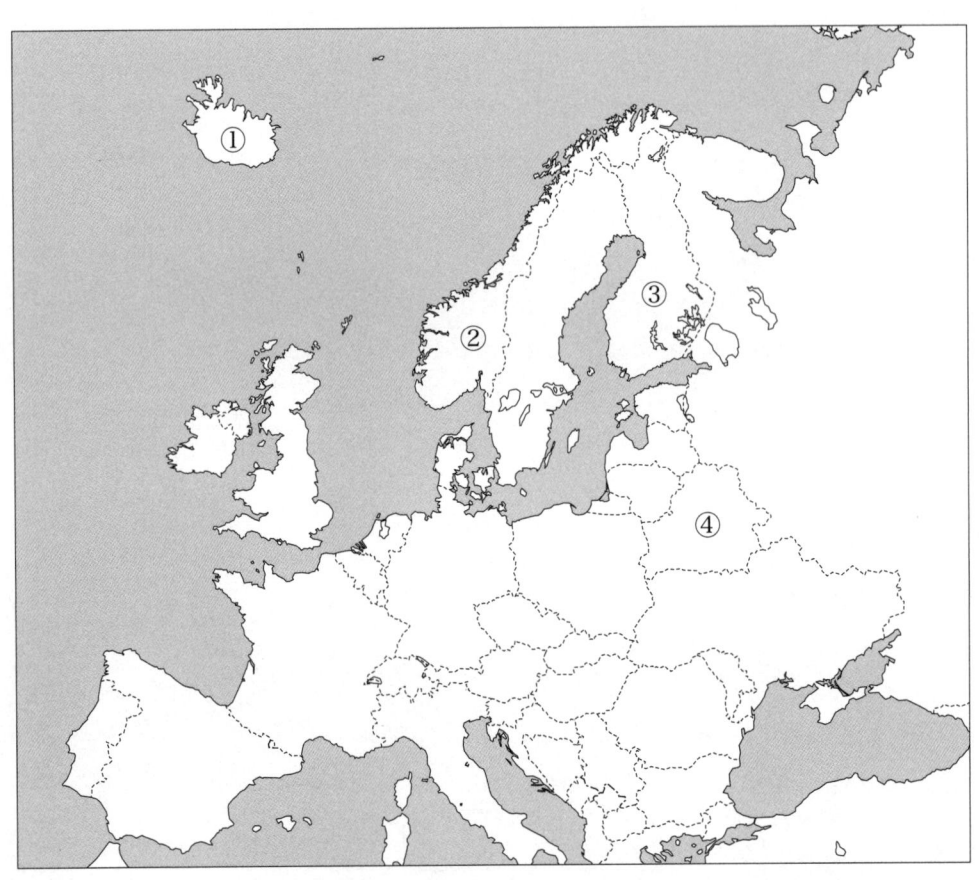

(2) 下線部2に関して、次の表は、1990年と2020年におけるアジア（Asia）、アフリカ（Africa）、ヨーロッパ（Europe）、南アメリカ（South America）の森林面積とそれが陸地に占める割合を示したものである。アフリカに当てはまるものを、下の①〜④の中から一つ選びなさい。 2

	1990年		2020年	
	森林面積 （100万ha）	陸地に占める割合 （％）	森林面積 （100万ha）	陸地に占める割合 （％）
A	585	18.8	623	20.0
B	743	24.9	637	21.3
C	974	55.8	844	48.3
D	994	44.9	1,017	46.0

FAO "Global Forest Resources Assessment 2020" より作成

① A
② B
③ C
④ D

(3) 下線部3に関して、X国の前年の実質GDP（国内総生産）が600兆円であり、今年の名目GDPが726兆円であった。また、前年を100とした今年のGDPデフレーターは110であった。この場合における今年のX国の実質経済成長率として最も適当なものを、次の①〜④の中から一つ選びなさい。 3

① 5％
② 10％
③ 15％
④ 20％

(4) 下線部4に関して，2019年12月に発足したマリン政権は首相を含めて19閣僚中12人が女性であった。日本における女性の保護や権利の拡張に関する記述として最も適当なものを，次の①～④の中から一つ選びなさい。 ４

① 公職選挙法の改正によって，国会の議席の一定数を女性に割り当てる制度が導入された。

② 労働基準法において，女性の深夜労働は禁じられている。

③ 最低賃金法の改正によって，平均賃金の男女格差は解消した。

④ 男女雇用機会均等法において，募集・採用における男女差別は禁止されている。

問2 次の文章を読み，下の問い(1)〜(4)に答えなさい。

「文化」は多様な意味を持つ語であるが，その定義として知られているものに，イギリス（UK）の詩人・批評家の₁マシュー・アーノルド（Matthew Arnold）による「これまでに思考され，語られてきたものの最高のもの」がある。これは₂1869年の著書『教養と無秩序』で示された。ただし，この「文化」は，アーノルドが₃モンテスキュー（Charles-Louis de Montesquieu）の「知性ある人間をもっと知的にする」という言葉を引用したり，偉大な文学作品や哲学・思想に触れるべきと考えたりしていることなどから，教養のある少数の人々が生み出し，維持すべきものであった。

その後，20世紀になると，₄資本主義経済の発展により大量生産・大量消費に基づく生活スタイルが確立し，アーノルドの文化観とは大きく異なる，映画，ジャズ，プロスポーツなどの大衆による文化が開花した。

(1) 下線部1に関して，アーノルドは，1866年に提出された選挙法改正案が廃案になった際に民衆が起こした暴動を苦々しく見ていた。イギリスにおいて男性・女性の普通選挙制が実現した年として最も適当なものを，次の①〜④の中から一つ選びなさい。 **5**

	男性	女性
①	1879年	1893年
②	1909年	1919年
③	1918年	1928年
④	1925年	1945年

(2) 下線部2に関して，1869年はスエズ運河（Suez Canal）が開通した年である。1875年にスエズ運河会社の株式を購入して運河の経営権を握った国として最も適当なものを，次の①〜④の中から一つ選びなさい。 **6**

① オスマン帝国（Ottoman Empire）
② ドイツ（Germany）
③ イギリス
④ ロシア（Russia）

(3) 下線部 3 に関して，モンテスキューは，国家権力の三権をそれぞれ異なる機関で運用させることを主張した。モンテスキューの著書として最も適当なものを，次の①～④の中から一つ選びなさい。 　7

① 『法の精神』
② 『国家論』
③ 『法の哲学』
④ 『統治二論』

(4) 下線部 4 に関して，次の文章を読み，下線部が**誤っているもの**を，文章中の①～④の中から一つ選びなさい。なお，下線部以外の記述は正しいものとする。 　8

　産業革命により①問屋制家内工業が発達したヨーロッパでは，②生産手段の私有と市場経済を原則とする資本主義経済が確立した。19世紀には交通革命が起こり，イギリスだけでなく大陸諸国でも鉄道網が発達した。次いで，③蒸気船が海上交通に用いられるようになり，世界各地の産業・貿易・文化の交流や発展に貢献した。一方で，資本主義経済の発展がもたらした社会問題や労働問題を解消し，平等で公正な社会を実現しようとする社会主義思想が登場した。中でも，④マルクス（Karl Marx）の思想は各国に大きな影響を与えた。

問3 次のグラフに示したような供給曲線が成立する市場の例として最も適当なものを，下の①〜④の中から一つ選びなさい。　9

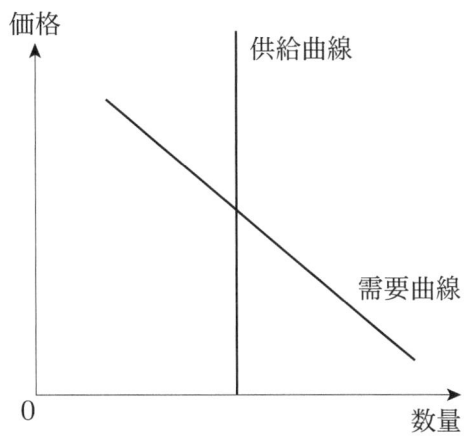

① 年平均気温が35℃を超える国でのアイスクリームを売買する市場
② 世界的に有名な一流ブランドの商品を売買する市場
③ 米が主食の国での小麦を売買する市場
④ 19世紀に活躍した高名な画家が描いた絵画を売買する市場

問4 市場の機能もしくは市場の失敗に関する記述として最も適当なものを，次の①〜④の中から一つ選びなさい。　10

① 外部不経済の例として，ある市に所在する建造物が世界遺産として登録され，観光客が増えることが挙げられる。
② 公害につながる財の生産では，社会的費用が企業の生産費用を上回るため，市場にまかせると，その財の供給は過剰になりがちである。
③ 一般道路や警察などの公共財は，市場メカニズムにまかせておけば需要に応じた適切な量が供給される。
④ 消費者の日常生活で必要とされる財を生産する企業や産業は過当競争により衰退し，そのような財を生産していない企業や産業は適度な競争の下で発展していく。

問5　間接金融の例として最も適当なものを，次の①～④の中から一つ選びなさい。 11

① 企業が金融機関から資金を借り入れること。
② 企業が減価償却費を減らして内部留保を増やすこと。
③ 株式会社が他社の社債を売却して資金を調達すること。
④ 株式会社が株式を発行して資金を調達すること。

問6　経済統計の中でストックに分類されるものとして最も適当なものを，次の①～④の中から一つ選びなさい。 12

① 外貨準備高
② 国民総所得（GNI）
③ 家計の年収
④ 貿易収支

問7　日本銀行の金融政策に関する記述として最も適当なものを，次の①～④の中から一つ選びなさい。 13

① 量的緩和政策は，買いオペレーションによっておこなわれる政策である。
② 信用創造とは，日本銀行が貸し付けを通じて預金通貨を創出することである。
③ ゼロ金利政策は，マネーストックを減少させるためにおこなう金融政策である。
④ 金融機関どうしの競争を促進させる金融政策として，護送船団方式がある。

問8 次の表は，日本，アメリカ（USA），トルコ（Turkey），ドイツの温室効果ガス排出量の推移を示したものである。表中のA〜Dに当てはまる国の組み合わせとして最も適当なものを，下の①〜④の中から一つ選びなさい。 14

(単位：CO_2換算100万t)

	1995年	2000年	2005年	2010年	2015年	2018年
A	1,121	1,043	993	942	906	858
B	248	299	337	399	473	521
C	1,375	1,375	1,379	1,303	1,320	1,238
D	6,771	7,275	7,392	6,982	6,676	6,677

OECDウェブサイトより作成

	A	B	C	D
①	トルコ	日本	アメリカ	ドイツ
②	日本	トルコ	ドイツ	アメリカ
③	ドイツ	トルコ	日本	アメリカ
④	アメリカ	日本	ドイツ	トルコ

問9 「大きな政府」とは，政府が経済に介入することによって国民の生活を安定させようとするものである。「大きな政府」と意味の近い語として最も適当なものを，次の①〜④の中から一つ選びなさい。 15

① 消極国家
② 福祉国家
③ 自由国家
④ 夜警国家

問10 日本の社会保障制度に関する記述として最も適当なものを，次の①〜④の中から一つ選びなさい。　16

① 75歳以上の高齢者の医療保険の負担割合をゼロとしていることが，近年の国の一般会計予算において社会保障関係費が増大している大きな理由である。

② 労災保険は業務上の事由や通勤による災害を補償する保険であり，その保険料は被保険者と事業主が折半で負担している。

③ 介護保険制度は，40歳以上の全国民から徴収する保険料と国や地方公共団体が負担する公費を財源としている。

④ 少子高齢化が進行し，人口減少社会に入り始めた2000年代後半に，全国民が何らかの年金制度に加入する国民皆年金が実現した。

問11 次の文章中の空欄 a 〜 c に当てはまる語の組み合わせとして最も適当なものを，下の①〜④の中から一つ選びなさい。　17

1944年，連合国はアメリカの a に集結し，自由貿易の促進と国際通貨の安定を目指す協定を締結した。当時のアメリカの圧倒的な経済力を背景とするこの a 体制の下では，アメリカの通貨ドルを基軸通貨とし，金1オンスと b ドルの交換を保証する固定相場制が採用された。また，各国がドルに対して平価を設定し，為替相場を平価の上下 c ％以内に収めることが義務づけられた。

	a	b	c
①	スミソニアン	35	10
②	スミソニアン	38	1
③	ブレトンウッズ	35	1
④	ブレトンウッズ	38	10

注）スミソニアン（Smithsonian），ブレトンウッズ（Bretton Woods）

問12 WTO（世界貿易機関）に関する記述として最も適当なものを，次の①～④の中から一つ選びなさい。　18

① GATT（関税及び貿易に関する一般協定）の東京ラウンドでの合意により発足した。
② 貿易で生じた紛争の解決は当事国に委ねており，紛争処理手続きを設けていない。
③ 加盟国間でFTA（自由貿易協定）を締結することを禁止している。
④ 物品の貿易だけでなく，サービス貿易や知的財産権も取り扱う。

問13 ASEAN（東南アジア諸国連合）の原加盟国として最も適当なものを，次の①～④の中から一つ選びなさい。　19

① タイ（Thailand）
② ベトナム（Viet Nam）
③ インド（India）
④ カンボジア（Cambodia）

問14 次の図は，経線，緯線をそれぞれ10度間隔で描いた上にいくつかの都市の位置を示したものである。これらの都市の位置関係を考慮して，バングラデシュ（Bangladesh）の首都ダッカ（Dhaka）の位置を示したものとして最も適当なものを，次の図中の①～④の中から一つ選びなさい。 20

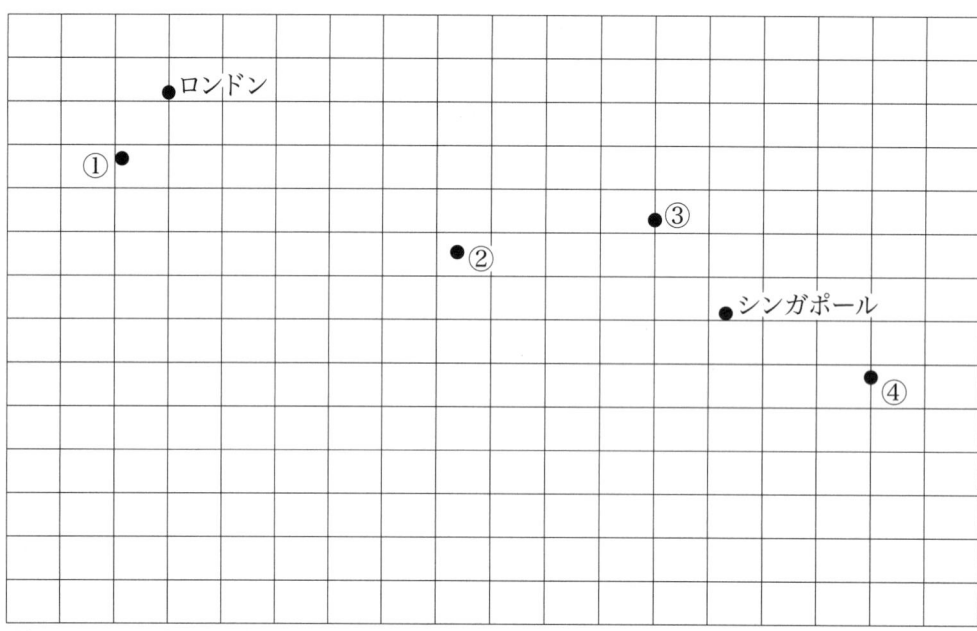

注）ロンドン（London），シンガポール（Singapore）

問15 日本は東経135度の経線を，イタリア（Italy）は東経15度の経線を，それぞれ標準時子午線としている。2021年のある日にイタリアから日本に向かう飛行機の中で，腕時計をイタリアの標準時から日本の標準時に変えるときは，どのように調整するか。最も適当なものを，次の①～④の中から一つ選びなさい。ただし，サマータイムは考慮しないものとする。 21

① 8時間遅らせる。
② 8時間進ませる。
③ 12時間遅らせる。
④ 12時間進ませる。

問16 次の表は，アメリカのワシントンD.C.（Washington, D.C.），メキシコ（Mexico）のメキシコシティ（Mexico City），トルコのアンカラ（Ankara），マレーシア（Malaysia）のクアラルンプール（Kuala Lumpur）の気温の年較差と高度を示したものである。表中のA～Dに当てはまる都市の組み合わせとして最も適当なものを，下の①～④の中から一つ選びなさい。 22

	気温の年較差（°C）	高度（m）
A	1.3	27
B	5.3	2,309
C	22.9	891
D	24.3	5

国立天文台編『理科年表2021』より作成

注) 気温の年較差は，各都市の1981年から2010年まで（アンカラのみ1982年から2010年まで）の気温の月別平年値をもとにしている。

	A	B	C	D
①	ワシントンD.C.	クアラルンプール	メキシコシティ	アンカラ
②	アンカラ	ワシントンD.C.	クアラルンプール	メキシコシティ
③	メキシコシティ	アンカラ	ワシントンD.C.	クアラルンプール
④	クアラルンプール	メキシコシティ	アンカラ	ワシントンD.C.

問17 次のグラフは，あるデータの世界全体に占める割合の変化について，OECD（経済協力開発機構）加盟国と非加盟国で分けて示したものである。そのデータとして最も適当なものを，下の①〜④の中から一つ選びなさい。 23

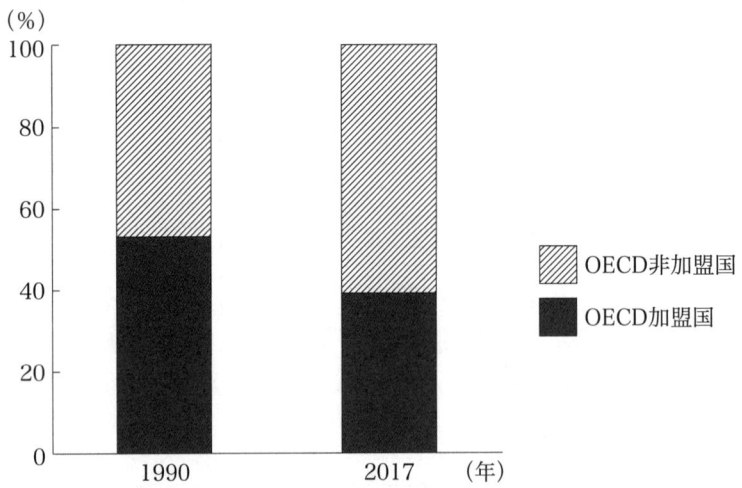

矢野恒太記念会編『世界国勢図会2020/21年版』より作成

① 一次エネルギー供給量の推移
② 米の生産量の推移
③ 人口の推移
④ 固定電話の契約数の推移

問18 カナダ（Canada）に関する記述として最も適当なものを，次の①～④の中から一つ選びなさい。 24

① 広大な国土から石炭が多く産出されており，発電エネルギー源別割合では，石炭を燃料とする火力発電の割合が最も高い。

② 多文化主義が採られており，英語（English）とフランス語（French）がともに公用語になっている。

③ 先住民であるイヌイット（Inuit）の居住地として，アラスカ（Alaska）に自治州が成立した。

④ 国土の大半が温暖湿潤気候に属しており，夏は暑く多湿で，秋にはハリケーン（Hurricane）に見舞われることがある。

問19 次の図は，日本，アメリカ，中国（China），インドの人口ピラミッドを示したものである。人口ピラミッドA～Dと国名の組み合わせとして最も適当なものを，下の①～④の中から一つ選びなさい。 25

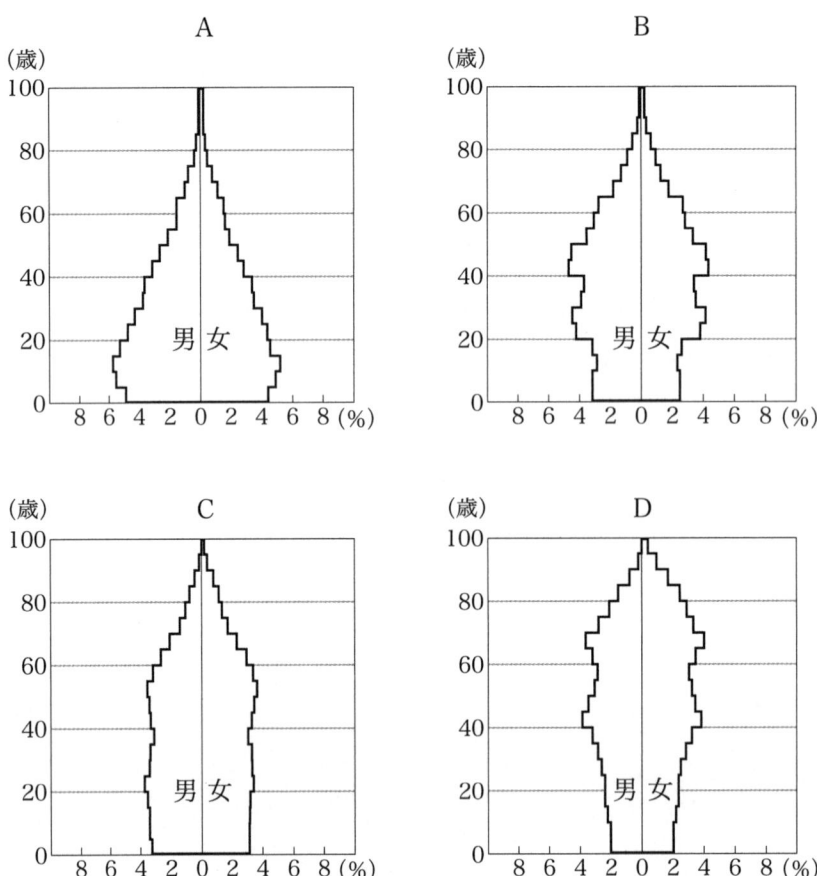

矢野恒太記念会編『世界国勢図会2020/21年版』より作成
注）日本は2019年，アメリカと中国は2018年，インドは2011年のもの。

	A	B	C	D
①	中国	インド	アメリカ	日本
②	中国	日本	インド	アメリカ
③	インド	中国	アメリカ	日本
④	インド	アメリカ	中国	日本

問20 次のグラフは，日本，アメリカ，ドイツ，韓国（South Korea）の輸入に占める中国の割合の推移を示したものである。表中のA～Dに当てはまる国の組み合わせとして最も適当なものを，下の①～④の中から一つ選びなさい。 26

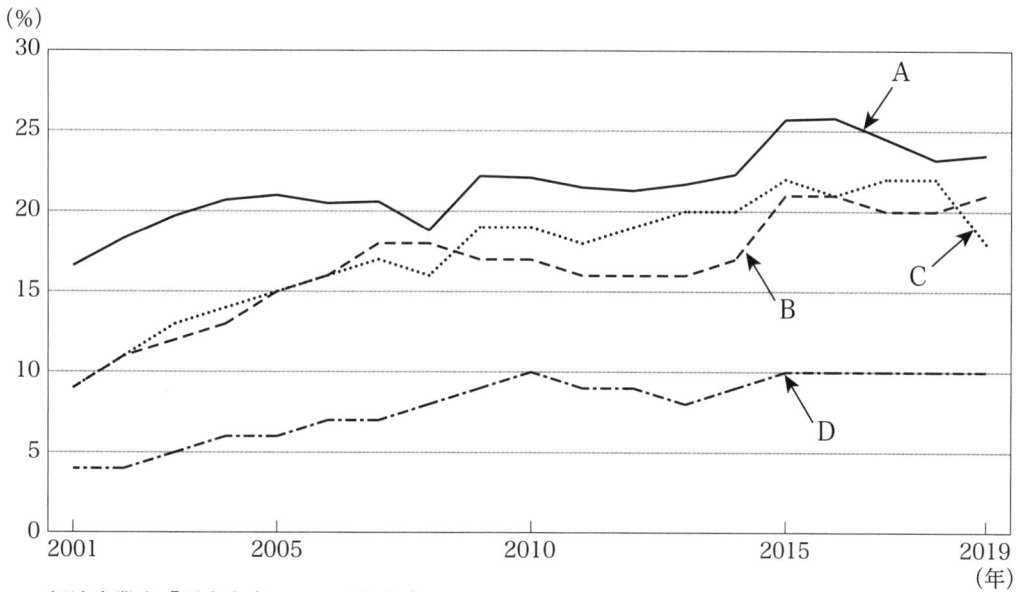

経済産業省『通商白書2020』より作成

	A	B	C	D
①	ドイツ	日本	韓国	アメリカ
②	アメリカ	ドイツ	日本	韓国
③	韓国	アメリカ	ドイツ	日本
④	日本	韓国	アメリカ	ドイツ

問21 次の表は，日本の米，野菜，小麦，魚介類の食料自給率（国内総供給量に対する国産供給量の割合）の推移を示したものである。小麦を示しているものとして最も適当なものを，下の①〜④の中から一つ選びなさい。 27

(単位：％)

	1960年	1980年	2000年	2005年	2010年	2015年
A	102	100	95	95	97	98
B	39	10	11	14	9	15
C	100	93	53	51	55	55
D	100	97	81	79	81	80

農林水産省ウェブサイトより作成
注）年は会計年度。

① A
② B
③ C
④ D

問22 社会契約説に関する記述として最も適当なものを，次の①〜④の中から一つ選びなさい。 28

① 社会契約説は，人民は国家の成立によって初めて国家から自然権を与えられるという考え方で，市民革命を理論的に支えた。
② ホッブズ（Thomas Hobbes）は，市民革命後の社会が「万人の万人に対する闘争状態」になったと批判し，絶対王政への回帰を主張した。
③ ロック（John Locke）は，人間が生まれながらに持つ自由・生命・財産を維持する権利を政府が侵害した場合，人民は政府に抵抗することができると説いた。
④ ルソー（Jean-Jacques Rousseau）は，公共の利益を目指す一般意思に基づいた政治が間接民主制によって実現されなければならないと主張した。

問23 社会権を初めて明文化した憲法として最も適当なものを，次の①～④の中から一つ選びなさい。　29

① 権利章典
② フランス第三共和政憲法
③ 大日本帝国憲法
④ ワイマール憲法（Weimar Constitution）

問24 アメリカの政治制度に関する記述として最も適当なものを，次の①～④の中から一つ選びなさい。　30

① 大統領は，国民の直接選挙によって選出される。
② 大統領は，連邦議会への法案提出権を持たない。
③ 連邦議会は，大統領に対する不信任決議権を持つ。
④ 連邦議会は，大統領が拒否権を行使した法案を各院過半数の賛成で再可決できる。

問25 日本の国会で，与党が衆議院において3分の2以上の議席を保有していると可能となる事柄として最も適当なものを，次の①～④の中から一つ選びなさい。　31

① 参議院が否決した法案を再議決し，法案を成立させることができる。
② 最高裁判所の裁判官を罷免することができる。
③ 予算案の先議が可能となる。
④ 参議院が否決しても，憲法改正の発議が可能となる。

問26　日本の内閣総理大臣に関する記述として最も適当なものを，次の①～④の中から一つ選びなさい。　32

① 「内閣の首長」と呼ばれるが，制度上は他の国務大臣と対等である。
② 国会議員でなくても就任することができる。
③ 条約を締結する権限を有している。
④ 行政各部を指揮監督する権限を有している。

問27　インターネットの発展によって大きな影響を受けているのが，知的財産権である。知的財産権の侵害に**当たらない例**として最も適当なものを，次の①～④の中から一つ選びなさい。　33

① あるアニメ制作会社が，新作アニメ作品に登場するキャラクターの衣装デザインとして，他社のアニメ作品のデザインを流用した。
② ある学生が，自分の卒業論文の中で，著書名・著者名・出版社名・出版年・引用したページを明記して，その著書の一文を引用した。
③ ある芸能人が，人気イラストレーターが描いた画像を撮影し，そのイラストレーターに無断でその画像を自分のSNSにアップロードした。
④ ある飲料メーカーが，商標登録された有名な缶コーヒーと同じ名称の缶コーヒーを販売した。

問28　国際連合（UN）に関する記述として**適当でないもの**を，次の①～④の中から一つ選びなさい。　34

① 本部は，アメリカのニューヨーク（New York）にある。
② 事務総長の任期は，慣例的に5年とされている。
③ 総会の議決は，安全保障理事会やすべての加盟国を直接に拘束する。
④ 安全保障理事会の常任理事国はアメリカ，イギリス，フランス，ロシア，中国である。

問29 19世紀半ばから後半にかけてのプロイセン（Prussia）に関する記述として最も適当なものを，次の①〜④の中から一つ選びなさい。　35

① ビスマルク（Otto von Bismarck）の指導の下，オーストリア（Austria）との戦争に勝利し，ハンガリー（Hungary）を自らの領土に組み入れた。
② ドイツ連邦（German Confederation）の連邦議会で多数派を占め，クリミア戦争（Crimean War）にロシア側で参戦することを議決した。
③ ドイツ関税同盟（German Customs Union）を結成し，プロイセンに敵対的なバイエルン（Bavaria）の弱体化を図った。
④ フランスを普仏戦争（Franco-Prussian War）で破り，ヴェルサイユ（Versailles）宮殿でドイツ帝国（German Empire）の成立を宣言した。

問30 日露戦争（Russo-Japanese War）前後の日本に関する記述として最も適当なものを，次の①〜④の中から一つ選びなさい。　36

① ロシア，ドイツ，オランダ（Netherlands）から三国干渉を受け，遼東半島（Liaodong Peninsula）の返還要求を承諾した。
② 清（中国）の門戸開放・機会均等を唱えるロシアに対抗するために，イギリスと日英同盟（Anglo-Japanese Alliance）を結んだ。
③ ポーツマス条約（Treaty of Portsmouth）により獲得した賠償金を用いて，軍備の拡張や重工業部門への投資を進めた。
④ 日露戦争後，ロシアと日露協約（Russo-Japanese Agreement）を結び，清における利権を調整した。

問31 第一次世界大戦の終結から第二次世界大戦の開戦までの次の出来事A～Dを年代順に並べたものとして正しいものを，下の①～④の中から一つ選びなさい。 37

A トルコ共和国（Republic of Turkey）の成立
B 不戦条約（Kellogg-Briand Pact）の締結
C アメリカの金本位制からの離脱
D ミュンヘン会談（Munich Conference）の開催

① A→B→C→D
② B→D→A→C
③ C→A→D→B
④ D→C→B→A

問32 キューバ危機（Cuban Missile Crisis）に関する記述として最も適当なものを，次の①～④の中から一つ選びなさい。 38

① キューバ（Cuba）がアメリカへの砂糖の輸出を禁止したことに対抗して，アメリカはキューバに国交断絶を通告した。
② ソ連（USSR）がキューバに核ミサイル発射基地を建設したことに対して，アメリカが激しく反発し，核戦争の一歩手前の状態にまでなった。
③ アメリカとソ連は，1959年の首脳会議での合意に基づいて開設したホットライン（直通回線）で話し合い，危機を回避した。
④ 危機後，キューバは社会主義国となったが，米州機構（Organization of American States）に加盟し続けたため，ソ連との関係は悪化した。

모의고사

제4회

問1　次の文章を読み，下の問い(1)～(4)に答えなさい。

　₁フィラデルフィア（Philadelphia）は，ペンシルベニア（Pennsylvania）植民地の都市として，1682年にウィリアム・ペン（William Penn）により建設された。ペンシルベニアでは信教の自由が守られていたため多くの人が集まり，フィラデルフィアはその中心都市に発展した。

　フィラデルフィアは，₂アメリカ独立戦争（American War of Independence）が起こると，大陸会議が開催されたり，独立宣言（Declaration of Independence）が起草されたりするなど，戦争の舞台となった。19世紀に入ると₃商業や海運が発展し，1872年には日本の₄岩倉使節団が同地を訪れ，その発展した街の各所を視察している。

(1)　下線部1に関して，フィラデルフィアはほぼ北緯40度の地点にある。北緯40度付近にある都市として最も適当なものを，次の①～④の中から一つ選びなさい。　1

　① 北京（Beijing）
　② キト（Quito）
　③ リヤド（Riyadh）
　④ パリ（Paris）

(2)　下線部2に関して，アメリカ（USA）の独立前後の情勢に関する記述として最も適当なものを，次の①～④の中から一つ選びなさい。　2

　① 独立宣言は，人間が持つ天賦の権利として，自由，所有権，安全及び圧制への抵抗を示した。
　② 独立戦争では，当事国のイギリスを除くすべてのヨーロッパ（Europe）諸国が中立を維持したため，独立軍は苦戦が続いた。
　③ 独立後，アメリカ合衆国憲法が制定され，初代大統領にワシントン（George Washington）が就任した。
　④ イギリスがアメリカの独立を認めた翌年に始まったフランス（France）との戦争に勝利し，ルイジアナ（Louisiana）を獲得した。

(3) 下線部 3 に関して，フィラデルフィアはデラウェア（Delaware）湾の奥に位置する商工業都市である。次の地図において円で囲んだ，平野を流れる河川の河口部分が沈水してできた三角状の入り江のことを何と呼ぶか。最も適当なものを，下の①〜④の中から一つ選びなさい。 **3**

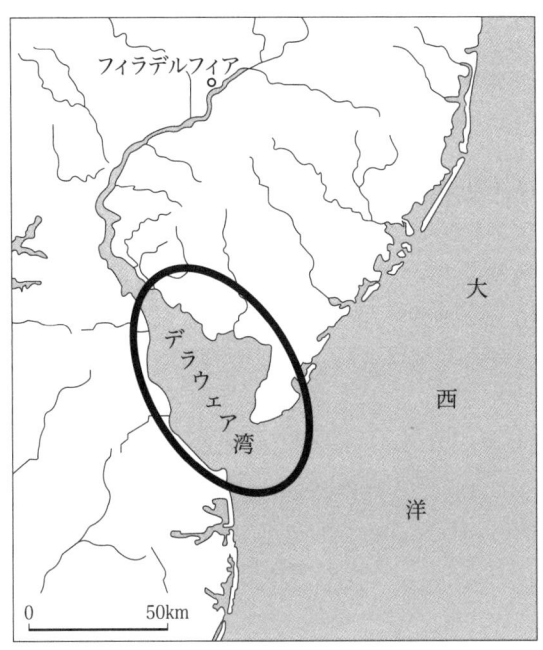

① リアス海岸（ria coast）

② 海食崖

③ エスチュアリー（estuary）

④ フィヨルド（fjord）

(4) 下線部4に関して，岩倉使節団の一行がフィラデルフィアで視察した場所に，造幣局がある。造幣局は貨幣を製造する機関である。貨幣に関する記述として最も適当なものを，次の①～④の中から一つ選びなさい。　　　4

① 貨幣は，国家がその価値を保証せず，人々によって信用されていない方が流通しやすい。

② 流通している貨幣のことを通貨といい，通貨は，現金通貨と預金通貨に分けられる。

③ 貨幣の種類として紙幣があり，日本では，日本銀行と民間銀行が紙幣を発行できる。

④ 国際間取引の貨幣による決済は，主に金融機関が現金を輸送することでおこなわれる。

問2 次の文章を読み，下の問い(1)～(4)に答えなさい。

チャールズ・ディケンズ（Charles Dickens）は，ヴィクトリア（Victoria）朝時代の最も偉大なイギリスの小説家とみなされている。1812年にポーツマス（Portsmouth）で生まれ，後に₁ロンドン（London）に移住した。1830年代後半に作家としての地位を確立すると，₂1842年にアメリカを訪問し，主にニューヨーク（New York）に滞在しつつ，₃プレーリー（prairie）にまで足を延ばした。

帰国後，精力的に執筆活動を続ける中，1847年にデンマーク（Denmark）の童話作家アンデルセン（Hans Christian Andersen）と知り合った。ディケンズとアンデルセンには，ともに子どもの頃家庭が貧しく，厳しい労働環境に置かれたという共通点があった。二人の作風には，一向に改善されない₄労働者の貧困とそれに対する社会の無関心への嘆きを見て取ることができる。

(1) 下線部1に関して，ロンドンの位置として最も適当なものを，次の地図中の①～④の中から一つ選びなさい。　5

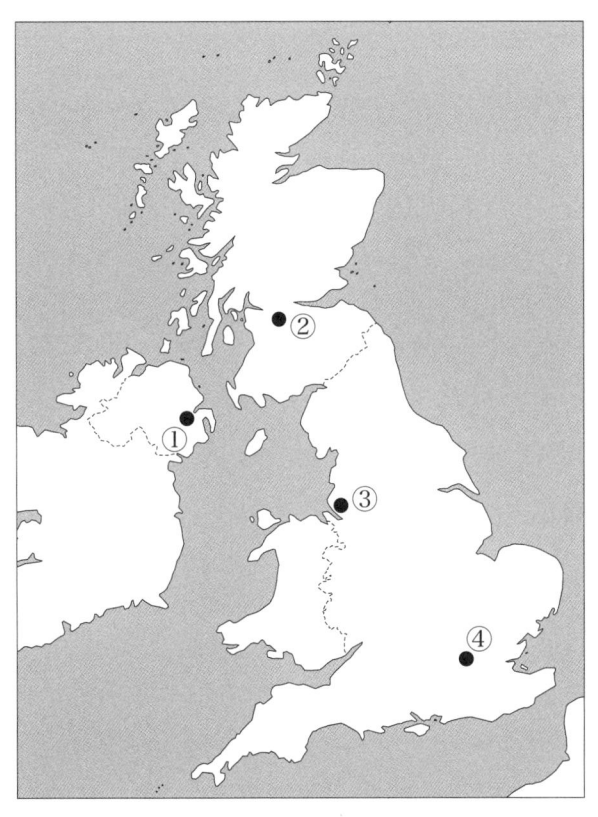

(2) 下線部 2 に関して，ディケンズが訪れた頃のアメリカは奴隷制の是非をめぐって北部と南部が激しく対立しており，1861年には南北戦争（American Civil War）が勃発した。南北戦争に関する記述として最も適当なものを，次の①〜④の中から一つ選びなさい。　6

① 工業化が進み，経済力に勝る北部が，南部を終始圧倒した。
② 北部をフランスが支援し，南部をスペイン（Spain）が支援した。
③ リンカーン（Abraham Lincoln）大統領は，戦争中に奴隷解放宣言を発表した。
④ 北部は自由貿易政策を，南部は保護貿易政策を採用すべきと主張した。

(3) 下線部 3 に関して，プレーリーの説明として最も適当なものを，次の①〜④の中から一つ選びなさい。　7

① 広大な草原
② 広大な針葉樹林
③ 大規模な岩石砂漠
④ 樹高が高く樹種が多い密林

(4) 下線部 4 に関して，日本国憲法で保障された労働三権のうち，団結権の説明として最も適当なものを，次の①〜④の中から一つ選びなさい。　8

① 組合の運営のために必要な経費を援助するよう，労働組合が使用者に求める権利。
② 労働組合が労働基準法などの労働法規の改正を国に求める権利。
③ 労働者が使用者に対して賃金の引き上げを要求する権利。
④ 労働者が労働組合を結成する権利。

問3 安価な財Aと高価な財Bがあるとする。財Aと財Bは代替の関係にあり，財Aから財Bに切り替えると非常に高額な費用がかかる。このときの財Aの需要曲線の形状として最も適当なものを，次の①〜④の中から一つ選びなさい。 9

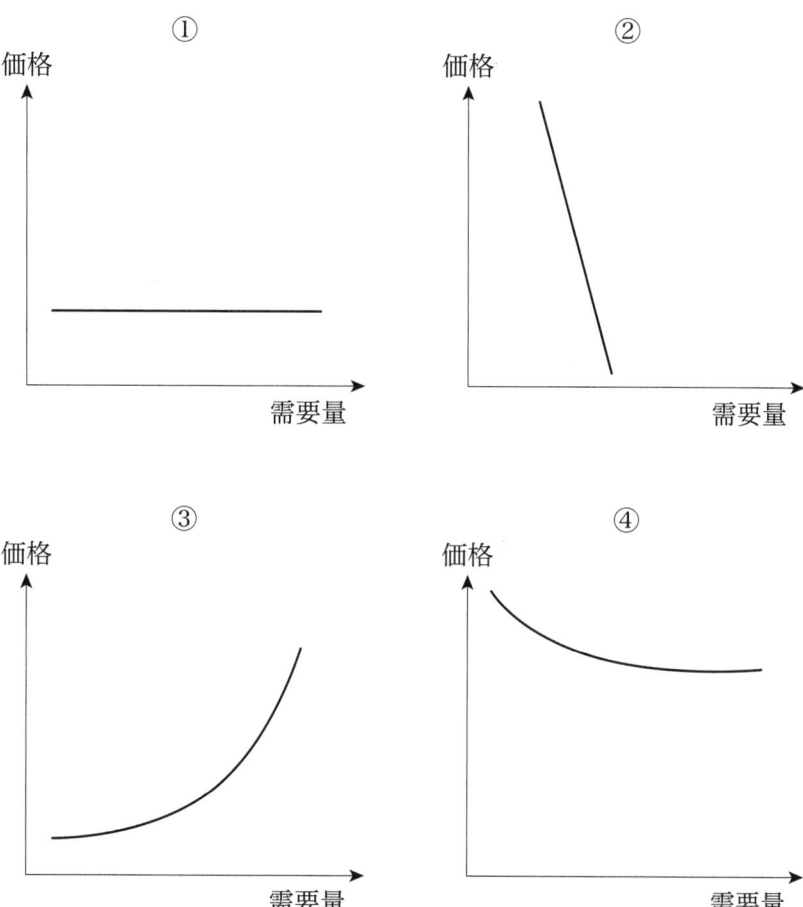

問4　次の表は，2019年におけるAさんとBさんの収入と支出の月平均額を示したものである。下の文章中の空欄 a ， d に当てはまる語の組み合わせとして最も適当なものを，下の①～④の中から一つ選びなさい。 10

単位：円

	Aさん	Bさん
実収入	232,000	551,000
可処分所得	200,000	450,000
消費支出	150,000	310,000
食費	40,000	75,000
住居費	23,000	20,000
教育関係費	3,000	25,000
その他の消費支出	84,000	190,000
直接税	10,000	41,000
社会保険料	22,000	60,000
貯蓄純増	40,000	110,000

注）社会保険料には，その他の非消費支出を含む。

上の表から，エンゲル係数はAさんが a ，Bさんが b であり，平均貯蓄率はAさんが c ，Bさんが d であることが分かる。よって，エンゲル係数はAさんの方が高く，平均貯蓄率はBさんの方が高い。

	a	d
①	15.3	20.0
②	15.3	24.4
③	26.7	20.0
④	26.7	24.4

問5 ケインズ（John Maynard Keynes）の主張の説明として最も適当なものを，次の①～④の中から一つ選びなさい。　11

① 個々人による利益の追求は，結果として社会全体の利益の拡大につながる。
② 国の保護下で貿易差額を通じて金銀を獲得することで，国の富は増大する。
③ 完全雇用を達成するためには，政府が有効需要を増加させなければならない。
④ 貨幣供給量を経済成長率に合わせて一定に保つことが，物価安定には有効である。

問6 企業の社会的責任（CSR）の例として最も適当なものを，次の①～④の中から一つ選びなさい。　12

① 芸術や文化活動への支援をおこなう。
② 赤字を実際よりも少なく計上した決算を発表して株主を安心させる。
③ 従業員に残業代を支払わずに法定労働時間を超えて働かせる。
④ 非正規雇用を増やして経費削減を図る。

問7 日本の税目において，国税かつ直接税の税として最も適当なものを，次の①～④の中から一つ選びなさい。　13

① 消費税
② 固定資産税
③ 関税
④ 法人税

問8 1992年に開催された国連環境開発会議に関する記述として最も適当なものを，次の①〜④の中から一つ選びなさい。 14

① スウェーデン（Sweden）のストックホルム（Stockholm）で開催された。
② ラムサール条約（Ramsar Convention）が採択された。
③ 国連開発計画（UNDP）の設立が決議された。
④ 「持続可能な開発」が基本理念とされた。

問9 次の文章中の空欄 a ， b に当てはまる語の組み合わせとして最も適当なものを，下の①〜④の中から一つ選びなさい。 15

社会的な格差を是正するためには，所得や資産の再分配政策をおこなうことが考えられる。それには，累進度の高い税制が望ましいが，それは高所得者の a 意欲を阻害する可能性がある。また，財産所得に高率の利子所得税を課すことは，多額の財産所得を得ている人の b 意欲を減退させる可能性がある。重い税金が a 意欲や b 意欲に対してマイナスの効果を持つようであれば，経済成長の観点からもマイナスとなる可能性がある。

	a	b
①	勤労	生産
②	勤労	投資
③	供給	生産
④	供給	投資

問10 消費者を保護するための日本の法律とその内容を説明したものとして最も適当なものを，次の①～④の中から一つ選びなさい。ただし，法律名，制定年は正しいものとする。　16

	法律名，制定年	内容
①	消費者保護基本法（1968年）	産業の発展と消費者の生活環境の調和を図るという調和条項が定められていた。
②	製造物責任法（PL法）（1994年）	欠陥商品が消費者に販売された場合に，消費者が事業者の過失を立証すれば賠償責任を販売者に負わせるという規定がある。
③	消費者契約法（2000年）	消費者が訪問販売によって契約を結んだ場合，一定期間内であれば無条件で契約を解除することができる制度について定めている。
④	消費者基本法（2004年）	消費者の権利が初めて明記されるとともに，消費者の自立の支援が定められた。

問11 2020年時点で日本がEPA（経済連携協定）を締結している国として**適当でないもの**を，次の①～④の中から一つ選びなさい。　17

① スイス（Swaziland）

② モンゴル（Mongolia）

③ オーストラリア（Australia）

④ ブラジル（Brazil）

問12 変動相場制の下での為替レートの動きに関する記述として最も適当なものを，次の①〜④の中から一つ選びなさい。　18

① 日本国内の金利が低下すると，円高になる傾向がある。
② 日本の輸入が増加すると，円高になる傾向がある。
③ 日本に来る外国人観光客が増加すると，円安になる傾向がある。
④ 日本国内の企業の対外直接投資が増加すると，円安になる傾向がある。

問13 ギリシャ（Greece）では，2009年に財政危機が発覚した。発覚後から2015年までのEU（欧州連合）の情勢に関する記述として最も適当なものを，次の①〜④の中から一つ選びなさい。　19

① ギリシャへの金融支援をおこない，財政危機の拡大防止を図るため，ESM（欧州安定メカニズム）が創設された。
② ギリシャだけでなく，アイルランド（Ireland）やドイツ（Germany）も財政危機に陥った。
③ ユーロへの信認が揺らいだため，欧州議会の議決により，ギリシャはユーロ圏から離脱した。
④ ECB（欧州中央銀行）は，公開市場操作においてすべてのEU加盟国の国債を買い取ることを中止した。

問14 GIS（地理情報システム）の活用事例として最も適当なものを，次の①〜④の中から一つ選びなさい。 20

① ある投資家が，株価の動向を予想するためにGISを利用した。
② ある企業が，1年間の売上高を計算するためにGISを利用した。
③ ある行政機関が，ハザードマップ（防災地図）を作成するためにGISを利用した。
④ ある行政機関が，管轄地域内の一人暮らし高齢者世帯の増加傾向を調べるためにGISを利用した。

問15 メルカトル図法の説明として最も適当なものを，次の①〜④の中から一つ選びなさい。 21

① 緯線は，高緯度ほど間隔が広くなる平行線で表される。
② 二点間の等角航路が，曲線で描かれる。
③ 東京とサンフランシスコ（San Francisco）を結ぶ大圏航路は，直線で描かれる。
④ 経線の間隔の拡大率は，一定である。

問16 次の表は，ある年における東京（成田）からロサンゼルス（Los Angeles）と，東京（成田）からドバイ（Dubai）の直行便のフライトスケジュールを示したものである。ロサンゼルスはアメリカの都市，ドバイはアラブ首長国連邦（UAE）の都市である。東京・ロサンゼルス間の所要時間と東京・ドバイ間の所要時間の説明として最も適当なものを，下の①〜④の中から一つ選びなさい。ただし，フライトスケジュールの時間はすべて現地時間で示してある。また，サマータイムは考慮しないものとする。

22

フライトスケジュール	東京と現地との時差
東京(成田)発　18:30　→　ロサンゼルス着　11:30(同日)	17時間
東京(成田)発　22:00　→　ドバイ着　5:00(翌日)	5時間

① 東京・ドバイ間の所要時間の方が，東京・ロサンゼルス間の所要時間よりも30分長い。

② 東京・ドバイ間の所要時間の方が，東京・ロサンゼルス間の所要時間よりも2時間長い。

③ 東京・ロサンゼルス間の所要時間の方が，東京・ドバイ間の所要時間よりも6時間30分長い。

④ 東京・ロサンゼルス間の所要時間の方が，東京・ドバイ間の所要時間よりも10時間30分長い。

問17 1492年，コロンブス（Christopher Columbus）はスペインを出発して西インド諸島（West Indies）に到達した。この航海のときに用いられた船は帆船であった。コロンブスが乗った帆船が西インド諸島に向かう際に主に利用した風として最も適当なものを，次の①〜④の中から一つ選びなさい。

23

① 極偏東風

② 季節風

③ 貿易風

④ 偏西風

問18 ドナウ川（Danube）は河口でどこの水域に注ぎ込むか。最も適当なものを，次の①〜④の中から一つ選びなさい。　24

① 黒海（Black Sea）

② 珊瑚海（Coral Sea）

③ カスピ海（Caspian Sea）

④ バルト海（Baltic Sea）

問19 次の表は，日本，中国（China），アメリカ，ブラジルの自動車の生産台数，自動車の保有台数，人口100人当たりの自動車の保有台数を示したものである。表中のA〜Dに当てはまる国の組み合わせとして最も適当なものを，下の①〜④の中から一つ選びなさい。　25

	自動車の生産台数（千台）	自動車の保有台数（千台）	人口100人当たりの自動車の保有台数（台）
A	2,945	43,597	21.0
B	10,880	276,019	84.9
C	9,684	78,078	61.2
D	25,721	209,067	14.7

矢野恒太記念会編『世界国勢図会2020/21年版』より作成

注）自動車の生産台数は2019年，自動車の保有台数と人口100人当たりの自動車の保有台数は2017年の値。

	A	B	C	D
①	日本	アメリカ	ブラジル	中国
②	中国	ブラジル	アメリカ	日本
③	ブラジル	日本	中国	アメリカ
④	ブラジル	アメリカ	日本	中国

問20　次の表は，日本の発電電力量の推移を示したものである。表中のA～Cに当てはまる項目として最も適当なものを，下の①～④の中から一つ選びなさい。　26

単位：100万 kWh

	1980年	1990年	2000年	2010年	2020年
A	92,092	95,835	96,817	90,681	84,493
B	401,967	557,423	669,177	771,306	789,725
C	82,591	202,272	322,050	288,230	37,011
地熱	871	1,741	3,348	2,632	2,114
計	577,521	857,272	1,091,500	1,156,888	948,979

矢野恒太記念会編『日本国勢図会2021/22年版』，資源エネルギー庁「電力調査統計」より作成
注）年は会計年度。

	A	B	C
①	火力	原子力	水力
②	水力	火力	原子力
③	水力	原子力	火力
④	原子力	水力	火力

問21　次の文章中の空欄　a　，　b　に当てはまる語の組み合わせとして最も適当なものを，下の①～④の中から一つ選びなさい。　27

イギリスは「　a　の母国」と言われる。イギリスの国家元首である国王は，「　b　」という言葉に表れているように，政治の実質的な権限は持っていない。

	a	b
①	大統領制	人民の，人民による，人民のための政治
②	大統領制	君臨すれども統治せず
③	議院内閣制	人民の，人民による，人民のための政治
④	議院内閣制	君臨すれども統治せず

問22 次の文章中の空欄 a に当てはまる語として最も適当なものを，下の①〜④の中から一つ選びなさい。 28

　1959年，最高裁判所は砂川事件の判決において，日米安全保障条約（Security Treaty Between Japan and the United States of America）については，高度に政治的な判断に基づく内閣や国会の行為は裁判所の違憲審査の対象外であるとする a の考え方を用いて，憲法判断を避けた。

① 立憲主義
② 解釈改憲
③ 法治主義
④ 統治行為論

問23 日本国憲法の定める平等権の内容として**適当でないもの**を，次の①〜④の中から一つ選びなさい。 29

① 貴族制度の禁止
② 人種差別の禁止
③ 信条による差別の禁止
④ 検閲の禁止

問24 日本において「新しい人権」に含まれる権利として最も適当なものを，次の①～④の中から一つ選びなさい。 30

① 知る権利
② 請願権
③ 刑事補償請求権
④ 黙秘権

問25 次の文章中の空欄 a ， b に当てはまる語の組み合わせとして最も適当なものを，下の①～④の中から一つ選びなさい。 31

2016年の参議院議員選挙は，選挙権年齢が a 歳以上に引き下げられてから初の国政選挙であった。前回（2013年）の参議院議員選挙から b を利用した選挙運動が可能になったことも合わせて，若者の投票率が高くなることが期待されたが，期待に反する結果に終わった。若者が政治的無関心に陥らないよう，政府がさまざまな政策をとることが期待される。

	a	b
①	18	期日前投票
②	18	インターネット
③	20	期日前投票
④	20	インターネット

問26 国際法に関する記述として最も適当なものを，次の①〜④の中から一つ選びなさい。 32

① 国際法は形式上，条約などの成文国際法と，大国の一般的慣行が拘束力のある法として認められた国際慣習法に二分される。
② 国際司法裁判所（ICJ）は紛争当時国双方の合意を得ずに裁判を開始できるが，その判決は当事国に対して法的拘束力を持たない。
③ 現代の国際法は，主権国家間の関係を規律するだけでなく，個人や企業，NGO（非政府組織）なども規律するようになっている。
④ 戦時国際法としては，捕虜の待遇や文民の保護を定めた，1949年採択の不戦条約（Kellogg-Briand Pact）が有名である。

問27 ナポレオン（Napoleon Bonaparte）に関する記述として最も適当なものを，次の①〜④の中から一つ選びなさい。 33

① イギリスとその植民地であるインド（India）の連絡を遮断するために，イタリア（Italy）に遠征した。
② 大陸封鎖令を発して，ヨーロッパ諸国がロシア（Russia）と通商や通信をおこなうことを禁止した。
③ 法の前の平等や契約の自由など近代市民社会の法原理が盛り込まれた，ナポレオン法典（Code Napoleon）を制定した。
④ ワーテルローの戦い(Battle of Waterloo)でイギリスを破り，西ヨーロッパ(Western Europe)を統一した。

問28 クリミア戦争（Crimean War）に関する記述として最も適当なものを，次の①〜④の中から一つ選びなさい。 $\boxed{34}$

① サラエボ（Sarajevo）でオーストリア（Austria）帝位継承者夫妻が暗殺されたことが開戦のきっかけとなった。

② ロシアは，不凍港の確保と黒海から地中海への通路を求めて南下政策を推進していたため，これを阻止しようとする国々と対立が生じた。

③ イギリスとドイツの連合軍と，ロシアとオスマン帝国（Ottoman Empire）の連合軍が戦った。

④ 戦争後，ロシアが支配していたポーランド（Poland）ではパン・スラブ主義（Pan-Slavism）が高まり，独立運動に発展した。

問29 次の文章中の空欄 a ， b に当てはまる語の組み合わせとして最も適当なものを，下の①〜④の中から一つ選びなさい。 $\boxed{35}$

18世紀後半にイギリスで始まった産業革命は，19世紀には他の国々にも広がった。日本では，19世紀末に軽工業が発達し，その後， a で得た賠償金などをもとにして b に設立された八幡製鉄所が1901年に操業を開始すると，重工業が発達していった。

	a	b
①	日露戦争	東京都
②	日露戦争	福岡県
③	日清戦争	東京都
④	日清戦争	福岡県

注）日露戦争（Russo-Japanese War），日清戦争（First Sino-Japanese War）

問30 1947年に発表されたマーシャル・プラン（Marshall Plan）に関する記述として最も適当なものを，次の①～④の中から一つ選びなさい。 36

① アメリカのフランクリン・ローズベルト（Franklin D. Roosevelt）大統領が提唱した。
② ヨーロッパ諸国に対する経済復興援助計画である。
③ ソ連（USSR）によるベルリン封鎖（Berlin Blockade）に対抗するために始められた。
④ 経済相互援助会議（COMECON）加盟国を重点的に援助した。

問31 次の図は，「世界終末時計」の時間の推移を示したものである。「世界終末時計」は世界破滅のときを午前0時と想定し，世界破滅の危険性が高まる出来事が起これば時間（分）が進められるが，危険性が下がる出来事が起これば時間（分）は戻されるという仕組みになっている。この図に関して，下の問い(1)，(2)に答えなさい。

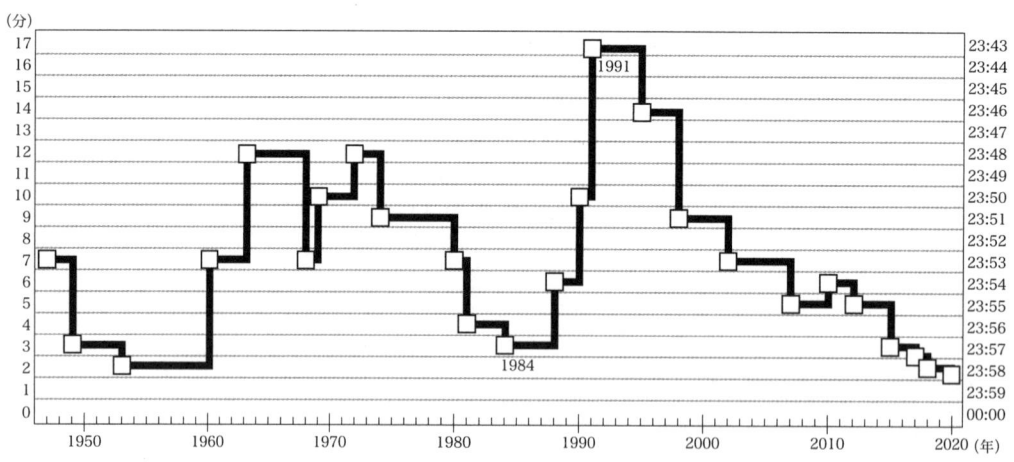

(1) アメリカとソ連の間で新たな軍拡競争が始まるとの懸念から，1984年の時刻は世界破滅の3分前となった。1984年時点でのアメリカ大統領は誰か。最も適当なものを，次の①～④の中から一つ選びなさい。 37

① アイゼンハワー（Dwight D. Eisenhower）
② ジョンソン（Lyndon B. Johnson）
③ レーガン（Ronald W. Reagan）
④ ブッシュ（George H.W. Bush）

(2) 1991年は前年より時刻が7分戻され，世界破滅の17分前とされた。1991年の出来事として最も適当なものを，次の①～④の中から一つ選びなさい。 38

① 「アラブの春」（Arab Spring）と呼ばれる民主化運動が盛んになった。
② アメリカのニクソン（Richard M.Nixon）大統領が中国を訪問した。
③ マルタ会談（Malta Summit）が開かれた。
④ ソ連が解体した。

모의고사

제5회

問1　次の会話を読み，下の問い(1)〜(4)に答えなさい。

よし子：G7サミットの開催日が近づいてきましたが，2020年のサミットは開催され
　　　　なかったと新聞で読みました。
先　生：そうですね。新型コロナウイルスの世界的な大流行のためです。
よし子：サミットといえば，2016年の「₁伊勢志摩サミット」の際の大規模で厳重な
　　　　警備が印象に残っています。
先　生：国内外の要人の身辺の安全を確保しなければなりませんでしたからね。
よし子：サミットは，いつから始まったのですか？
先　生：第1回のサミットは，₂混迷する世界経済について話し合うために，1975年
　　　　に　a　のランブイエ（Rambouillet）で，日本，アメリカ（USA），　a　，
　　　　イギリス（UK），₃西ドイツ（West Germany），イタリア（Italy）の6か
　　　　国により開催されました。第2回からは，　b　も加わっています。
よし子：ロシア（Russia）もサミットのメンバー国でしたよね。
先　生：ロシアは1997年に正式参加しましたが，クリミア（Crimea）問題により，
　　　　2014年に参加資格を停止されました。
よし子：世界経済以外の問題は取り上げられていないのでしょうか。
先　生：近年は，環境問題などの地球規模の問題についても議論されるようになって
　　　　いますよ。

(1) 下線部1に関して，次の地図は志摩半島を示している。地図に示されたような，山地や丘陵が海に沈水して形成された，奥行きのある湾と岬が連続する海岸を何と呼ぶか。最も適当なものを，下の①〜④の中から一つ選びなさい。　1

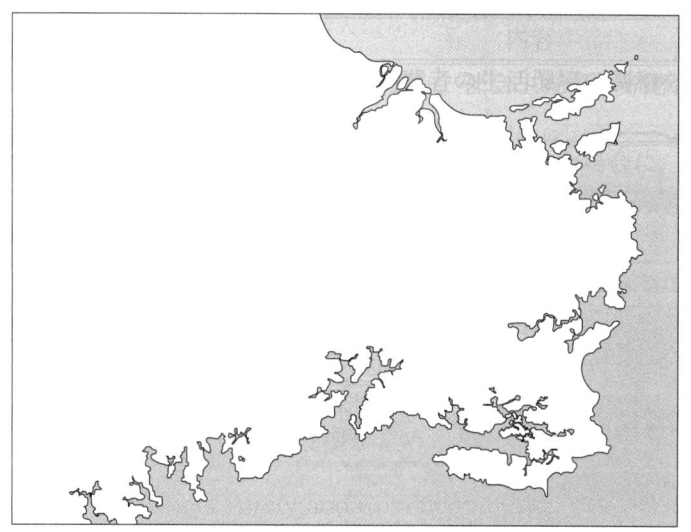

① フィヨルド（fjord）
② リアス海岸（ria coast）
③ 海岸段丘
④ カルスト（karst）

(2) 下線部2は，具体的に何を指しているか。最も適当なものを，次の①〜④の中から一つ選びなさい。　2

① 第一次石油危機（Oil Crisis）後の，世界経済及び世界貿易の落ち込み
② 発展途上国の累積債務問題
③ アジア（Asia）通貨危機
④ リーマン・ショック（Bankruptcy of Lehman Brothers）

(3) 上の文章中の空欄 a , b に当てはまる国の組み合わせとして正しいものを，次の①～④の中から一つ選びなさい。　3

	a	b
①	フランス	オーストラリア
②	フランス	カナダ
③	ベルギー	オーストラリア
④	ベルギー	カナダ

注）フランス（France），ベルギー（Belgium），オーストラリア（Australia），カナダ（Canada）

(4) 下線部 3 に関して，冷戦期のドイツ（Germany）に関する記述として最も適当なものを，次の①～④の中から一つ選びなさい。　4

① 国民投票により王政の廃止が決定したが，これに反対する人々が東ドイツ（East Germany）を建国した。

② 西ドイツはワルシャワ条約機構（Warsaw Treaty Organization）に加盟し，東ドイツは北大西洋条約機構（NATO）に加盟した。

③ 西ドイツはEC（欧州共同体）に加盟し，東ドイツはEFTA（欧州自由貿易連合）に加盟した。

④ 東ドイツは，国民が東ベルリン（East Berlin）から西側へ脱出することを防ぐために，ベルリンの壁（Berlin Wall）を築いた。

問2 次の文章を読み，下の問い(1)～(4)に答えなさい。

 ₁チリ（Chile）は，1818年の₂独立後，さまざまな混乱を経験したが，1990年代に軍事政権から民政に移行すると，おおむね持続的に経済が成長し，「中南米の優等生」と言われるようになった。さらに，チリは₃地域統合に積極的で，多くのFTA（自由貿易協定）を締結していることから，「FTA先進国」とも言われている。しかし，輸出品目の大半は， a を中心とする鉱産資源であり，産業の多角化が課題となっている。

(1) 下線部1に関して，チリは南北に4000kmを超える細長い国で，気候区もさまざまである。チリで**見られない気候区**として最も適当なものを，次の①～④の中から一つ選びなさい。　5

① 亜寒帯（冷帯）湿潤気候（Df）

② 砂漠気候（BW）

③ 地中海性気候（Cs）

④ 西岸海洋性気候（Cfb）

(2) 下線部2に関して，チリはどの国から独立したか。最も適当なものを，次の①～④の中から一つ選びなさい。　6

① ポルトガル（Portugal）

② フランス

③ イギリス

④ スペイン（Spain）

(3) 下線部 3 に関して，チリは APEC（アジア太平洋経済協力）に加盟している。APEC に関する記述として最も適当なものを，次の①〜④の中から一つ選びなさい。

7

① APEC は，自由化の水準が高すぎるとして，加盟国が TPP（環太平洋経済連携協定）を批准しないことを議決した。
② APEC では，関税の引き下げや非関税障壁の撤廃のため，東京ラウンドやウルグアイ・ラウンド（Uruguay Round）などの多角的貿易交渉が開催された。
③ APEC はアジア太平洋地域での開かれた地域協力を目指す機構で，日本やアメリカ，オーストラリアなどを原加盟国として発足した。
④ APEC の成立を契機として東南アジア（Southeast Asia）諸国においても経済統合の動きが進み，ASEAN（東南アジア諸国連合）が結成された。

(4) 文章中の空欄 a に当てはまる語として最も適当なものを，次の①〜④の中から一つ選びなさい。

8

① ボーキサイト（bauxite）
② 銅
③ ダイヤモンド
④ ウラン

問3 次のグラフは、ある国の株式市場の需要曲線と供給曲線を示したものである。いま、銀行の金利が上昇したことにより、株式を保有する魅力が相対的に薄れたとする。このことによって生じる変化に関する記述として最も適当なものを、下の①～④の中から一つ選びなさい。ただし、この株式市場は完全競争市場である。また、供給曲線は移動しないこととし、その他の条件は一定とする。 9

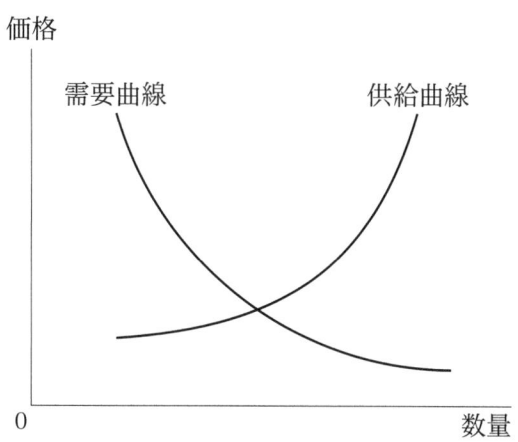

① 需要曲線が左に移動して超過供給となり、株式市場の均衡価格は下落する。
② 需要曲線が右に移動して超過供給となり、株式市場の均衡価格は上昇する。
③ 需要曲線が右に移動して超過需要となり、株式市場の均衡価格は下落する。
④ 需要曲線が左に移動して超過需要となり、株式市場の均衡価格は上昇する。

問 4 巨大な設備を必要とする産業では，生産量を増やせば増やすほど平均費用（生産物1単位当たりの費用）が安くなる。これを「規模の経済」という。規模の経済を示しているグラフとして最も適当なものを，次の①〜④の中から一つ選びなさい。　|10|

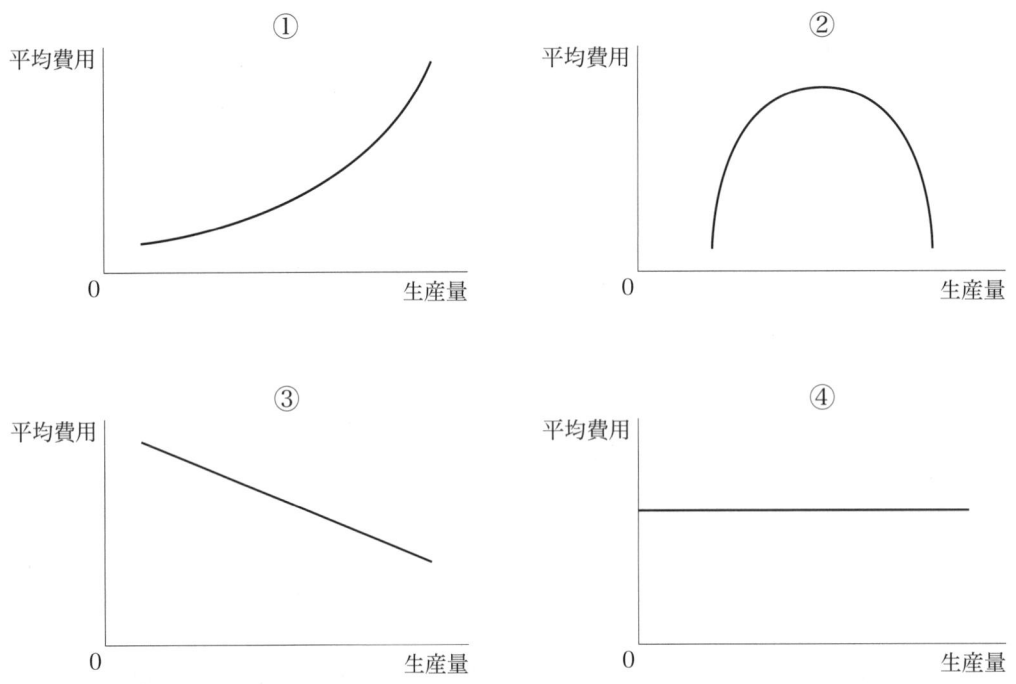

問 5 ある経済主体の行動が市場での取引を通さずに他の経済主体に直接悪い影響を与えることを，外部不経済という。ある企業の生産活動に外部不経済がある場合の政府の対策として最も適当なものを，次の①〜④の中から一つ選びなさい。　|11|

① その企業に対し，財の生産量に応じて補助金を与える。
② その企業に対し，法定労働時間を守るように命じる。
③ その企業に対し，有害物質の排出量に応じて税金を課す。
④ その企業に対し，他企業との価格協定を破棄するように促す。

問6 次の文章中の空欄 a ～ c に当てはまる語の組み合わせとして最も適当なものを，下の①～④の中から一つ選びなさい。 12

経済主体としての家計は，賃金，配当，a などの形で所得を得る。そして，所得から租税や社会保険料を支払った残りの金額である b を，家族の生活を向上させるための消費支出または貯蓄にまわしている。消費支出は，家計の保有する株や土地などの価格が上がると増える傾向があり，これを c という。

	a	b	c
①	補助金	可処分所得	逆資産効果
②	補助金	減価償却費	逆資産効果
③	地代	可処分所得	資産効果
④	地代	減価償却費	資産効果

問7 次の表は，X国の2020年の国民所得を示している。X国の2020年のGDP（国内総生産）の額として最も適当なものを，下の①～④の中から一つ選びなさい。 13

項目	額（兆円）
国内の総生産額	1,000
中間生産物	500
海外からの純所得	30

① 1,530兆円

② 1,500兆円

③ 500兆円

④ 470兆円

問8 次の文章中の空欄 a ～ c に当てはまる語の組み合わせとして最も適当なものを，下の①～④の中から一つ選びなさい。　14

　政府がおこなう経済活動を，財政という。財政の機能には，次の三つがある。第一は， a である。一般道路や警察などの公共財は市場で適切な供給がおこなわれないため，政府がその役割を担う。第二は， b である。累進課税制度や社会保障制度により，政府が所得格差是正を図る。第三は， c である。政府は有効需要を適切に保つことで，不況期には景気回復を促し，好況期には景気の過熱を抑える。

	a	b	c
①	資源配分の調整	所得の再分配	景気の安定化
②	資源配分の調整	景気の安定化	所得の再分配
③	所得の再分配	資源配分の調整	景気の安定化
④	景気の安定化	所得の再分配	資源配分の調整

問9 次の文章中の空欄 a ， b に当てはまる語の組み合わせとして最も適当なものを，下の①～④の中から一つ選びなさい。　15

　19世紀から1929年の世界恐慌（Great Depression）までは，主要国は基本的に金本位制を採用していた。しかし，世界恐慌後の不況への対策として，大規模な a をおこなうことが必要となり，1930年代に主要国は金本位制を放棄して， b に関わりなく通貨を発行できる管理通貨制度へと移行した。

	a	b
①	金融引き締め	外貨準備高
②	金融引き締め	金の保有量
③	金融緩和	外貨準備高
④	金融緩和	金の保有量

問10 OECD（経済協力開発機構）設立の目的として最も適当なものを，次の①〜④の中から一つ選びなさい。　**16**

① 発展途上国で生産された農産物などを，適正な価格で継続して購入すること。

② 加盟国の労働者の権利の保障や，労働条件の改善を図ること。

③ 第二次世界大戦の戦災国の復興と，加盟国の経済開発をおこなうこと。

④ 加盟国の経済発展と貿易拡大，発展途上国の支援を進めること。

問11 ある日本人学生が，友人3人と卒業旅行としてオーストラリアとニュージーランド（New Zealand）に10日間の日程で行った。その学生は両国でいくつかのお土産を買い，その金額はオーストラリアでは120オーストラリアドル，ニュージーランドでは80ニュージーランドドルであった。卒業旅行当時の為替レートは，1オーストラリアドル＝90円，1オーストラリアドル＝1.25ニュージーランドドルである。その学生がお土産に使った金額を円で示したものはどれか。最も適当なものを，次の①〜④の中から一つ選びなさい。ただし，為替取引などの手数料はすべて考えないものとする。　**17**

① 9,600円

② 10,900円

③ 16,560円

④ 18,000円

問12 EU（欧州連合）に関する記述として最も適当なものを，次の①～④の中から一つ選びなさい。　18

① 域内関税の撤廃と域外共通関税に加え，資本・労働・サービスの移動や取引の自由化が実現している。

② アメリカの反発を受け，輸入課徴金や補助金の支給などで域内農業の保護を図っているCAP（共通農業政策）は廃止された。

③ EU発足後，原子力の平和利用と管理を目的とするEURATOM（欧州原子力共同体）が設置された。

④ 国民投票で反対が多数を占めたため，ドイツとフランスは共通通貨ユーロを導入していない。

問13 次のグラフは，日本，カナダ，ドイツ，ギリシャ（Greece）の一般政府の総債務残高の対GDP比を示したものである。グラフ中のA〜Dに当てはまる国の組み合わせとして最も適当なものを，下の①〜④の中から一つ選びなさい。 19

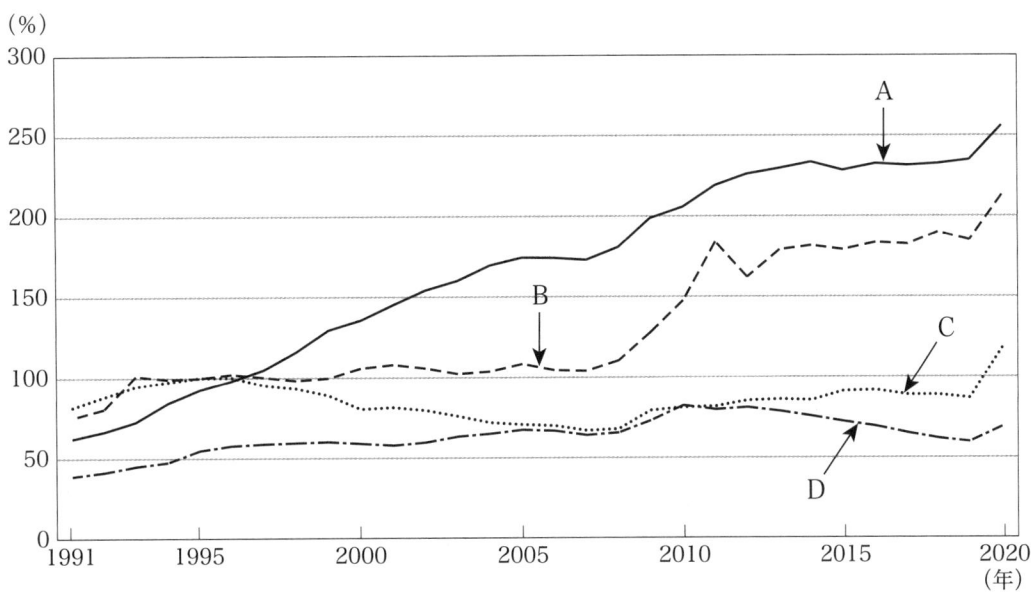

IMF, World Economic Outlook Database, April 2021より作成
注） IMFの予測値を含む。

	A	B	C	D
①	ギリシャ	カナダ	ドイツ	日本
②	日本	ギリシャ	カナダ	ドイツ
③	ドイツ	日本	ギリシャ	カナダ
④	カナダ	ドイツ	日本	ギリシャ

問14 日付変更線に関する記述として最も適当なものを，次の①〜④の中から一つ選びなさい。

[20]

① 日付変更線は，東経90度の線に沿って定められたものである。

② 日付変更線が移動されたことは，設定以来一度もない。

③ 日付変更線を西から東に越える場合は，日付を1日戻す。

④ 日付変更線のすぐ東側が，地球上で最も時刻が早い場所である。

問15 米に関する記述として最も適当なものを，次の①〜④の中から一つ選びなさい。

[21]

① 米は，小麦やトウモロコシと比べて，単位面積当たりの収量が多い。

② 「緑の革命」により米の生産量を増やしたアメリカは，世界有数の輸出国となった。

③ 米の栽培北限の都市の一つに，ロンドン（London）がある。

④ 水田稲作では，降雨の少ない地域であっても灌漑施設は必要とされない。

問16 次の表は，2017年における日本，中国（China），ドイツ，フランスの発電エネルギー源別割合を示している。ドイツに当てはまるものを，次の①〜④の中から一つ選びなさい。

[22]

単位：％

	火力	水力	原子力	地熱・新エネルギー
①	13.0	9.8	70.9	6.1
②	71.9	17.9	3.7	6.4
③	85.5	8.9	3.1	2.4
④	61.8	4.0	11.7	22.2

矢野恒太記念会編『世界国勢図会2020/21年版』より作成

問17 次の表は，2018年における日本，アメリカ，中国，韓国（South Korea）の鉄道輸送量を示したものである。表中のA～Dに当てはまる国の組み合わせとして最も適当なものを，下の①～④の中から一つ選びなさい。 23

	営業キロ（km）	旅客（百万人キロ）	貨物（百万トンキロ）
A	150,462	10,239	2,525,217
B	27,798	441,614	19,369
C	4,192	23,002	7,878
D	67,515	681,203	2,238,435

二宮書店編集部『データブック オブ・ザ・ワールド2021』より作成
注）韓国の営業キロの数値は2017年。

	A	B	C	D
①	日本	アメリカ	中国	韓国
②	アメリカ	日本	韓国	中国
③	韓国	中国	アメリカ	日本
④	中国	韓国	日本	アメリカ

問18 次のグラフA～Dは，日本，アメリカ，ナイジェリア（Nigeria），インド（India）の出生率と死亡率の推移（予測を含む）を示したものである。グラフA～Dに当てはまる国の組み合わせとして最も適当なものを，下の①～④の中から一つ選びなさい。24

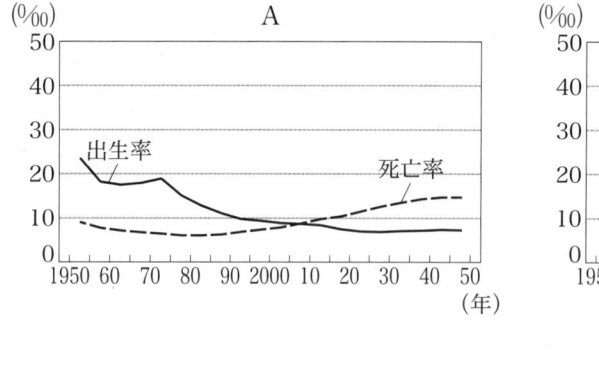
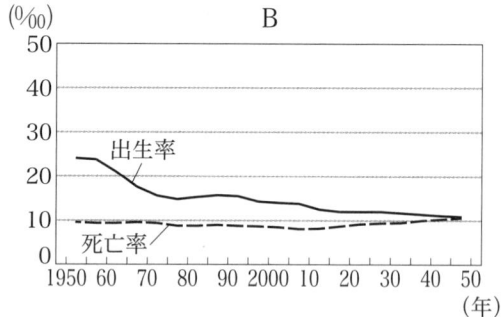
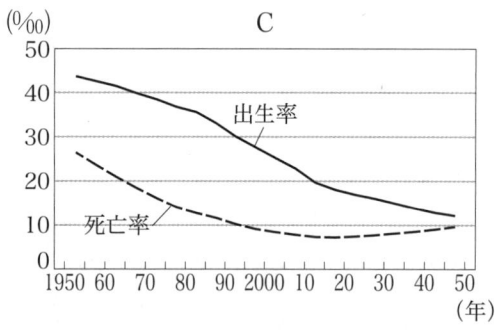
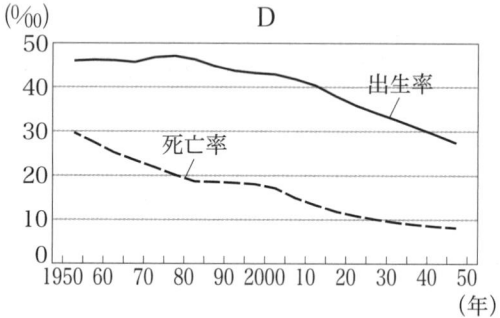

UN "World Population Prospects 2019" より作成

	A	B	C	D
①	日本	アメリカ	インド	ナイジェリア
②	日本	アメリカ	ナイジェリア	インド
③	アメリカ	日本	インド	ナイジェリア
④	アメリカ	日本	ナイジェリア	インド

問19 プロテスタントが国民の多数を占める国として最も適当なものを，次の①～④の中から一つ選びなさい。　25

① ポルトガル
② ギリシャ
③ スウェーデン（Sweden）
④ ポーランド（Poland）

問20 北海道において，2019年現在で唯一人口が100万人を超えている札幌市の位置として最も適当なものを，次の地図中の①～④の中から一つ選びなさい。　26

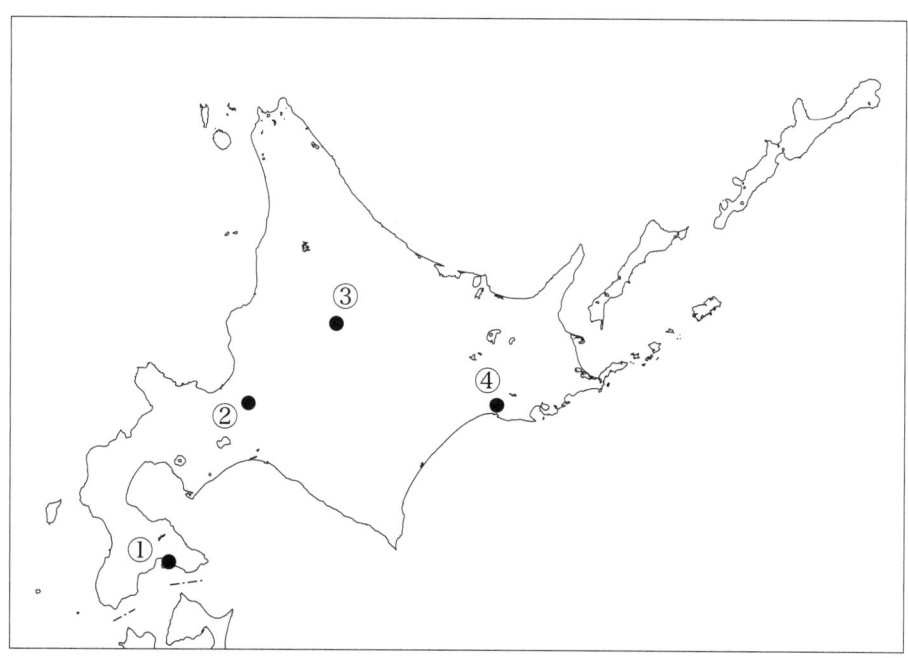

問21 次の文章中の空欄 a , b に当てはまる語の組み合わせとして最も適当なものを，下の①〜④の中から一つ選びなさい。 27

　ロック（John Locke）は，その主著『 a 』において，人間は生命・自由・財産を守る権利を持っており，この権利をより確実にするために，人々は相互に契約を結んで国家（政府）を設立するものと考えた。そして，政府の目的は国民の権利を保護することであり，もし政府が国民の権利を侵害した場合には，国民は政府に対して b する権利や政府を取りかえる権利（革命権）を持つと説いた。

	a	b
①	社会契約論	抵抗
②	社会契約論	服従
③	統治二論	抵抗
④	統治二論	服従

問22 立憲主義と対立するものとして最も適当なものを，次の①〜④の中から一つ選びなさい。 28

① 違憲立法審査権
② 法の支配
③ 権力分立
④ 人の支配

問23 次の文章中の空欄 a に当てはまる語として最も適当なものを，下の①～④の中から一つ選びなさい。 29

　1882年，伊藤博文は憲法調査のためにヨーロッパ（Europe）に渡り，君主権の強い a の憲法理論を主に学んで，翌年に帰国した。伊藤が中心になって作成した憲法案は，枢密院での審議を経て，1889年に大日本帝国憲法として発布された。

① プロイセン（Prussia）
② イギリス
③ フランス
④ アメリカ

問24 日本の議院内閣制に関する記述として最も適当なものを，次の①～④の中から一つ選びなさい。 30

① 内閣は，行政権の行使について，国会に対し連帯して責任を負う。
② 内閣総理大臣は，国民の直接選挙で選出される。
③ 衆議院と参議院で不信任決議が成立すると，内閣は総辞職しなければならない。
④ 衆議院議長と参議院議長は，必ず国務大臣に就任する。

問25 刑事事件の被疑者や被告人の権利を守るために日本国憲法が定めているものとして**適当でないもの**を，次の①～④の中から一つ選びなさい。 31

① 黙秘権の保障
② 令状主義
③ 法定手続きの保障
④ 死刑制度の禁止

問26　地方公共団体の事務のうち，国が本来果たすべき事務であるが地方公共団体が処理するものと法律や政令で定められている事務である法定受託事務の例として最も適当なものを，次の①～④の中から一つ選びなさい。　32

① 薬局の開設の許可
② 国政選挙に関する事務
③ 都市計画の決定
④ 介護保険サービス

問27　普通選挙の原則の説明として最も適当なものを，次の①～④の中から一つ選びなさい。　33

① どの候補者に投票したかなど，投票の内容が明かされないことを保障する原則。
② 投票に行かなくても国から処罰されないことを保障する原則。
③ 「一票の格差」が生じることを一切認めない原則。
④ 一定の年齢に達した者に対し，納税額や財産に関わりなく選挙権を与える原則。

問28　17世紀から18世紀にかけておこなわれた大西洋三角貿易に関する記述として最も適当なものを，次の①～④の中から一つ選びなさい。　34

① ヨーロッパからアフリカ（Africa）に香辛料が送られた。
② アメリカ（America）からヨーロッパに砂糖が送られた。
③ ヨーロッパからアメリカに奴隷が送られた。
④ アフリカからアメリカに武器が送られた。

問29 1814年から1815年にかけて開かれたウィーン会議（Congress of Vienna）に関する記述として最も適当なものを，次の①〜④の中から一つ選びなさい。 35

① プロイセンの宰相ビスマルク（Otto von Bismarck）の主導で，大国間の勢力均衡による国際秩序の平和的な維持が目指された。
② ヨーロッパにおける民族自決の原則の適用に合意し，これに基づきオランダ（Netherlands）が独立した。
③ フランス革命（French Revolution）以前の政治秩序を回復させようとする正統主義を基本原則の一つとしていた。
④ ナポレオン（Napoleon Bonaparte）が創設したドイツ連邦（German Confederation）を解体し，神聖ローマ帝国（Holy Roman Empire）を復活させることが決まった。

問30 19世紀後半のイタリアに関する記述として最も適当なものを，次の①〜④の中から一つ選びなさい。 36

① マッツィーニ（Giuseppe Mazzini）ら「青年イタリア」は，イタリア統一を目指して両シチリア王国（Kingdom of the Two Sicilies）を攻撃したが，敗北した。
② ガリバルディ（Giuseppe Garibaldi）はローマ共和国（Roman Republic）を建国したが，サルデーニャ王国（Kingdom of Sardinia）軍に倒された。
③ 住民投票に基づき両シチリア王国がサルデーニャ王国に併合され，この結果，イタリア王国（Kingdom of Italy）が成立した。
④ イタリア王国はローマ教皇（Pope）の抵抗を受けて教皇領を併合できなかったため，教皇領は「未回収のイタリア」と呼ばれた。

問31 1955年に開かれたアジア・アフリカ会議（Asian-African Conference）に関する記述として最も適当なものを，次の①～④の中から一つ選びなさい。 37

① エジプト（Egypt）のカイロ（Cairo）に，アジア・アフリカ諸国の代表が集まって開かれた。
② 中国の周恩来（Zhou Enlai）首相やインドのネルー（Jawaharlal Nehru）首相らが，会議を主導した。
③ 前年に発表された平和五原則に基づき，平和共存・反植民地主義・秘密外交の廃止をうたった平和十原則が採択された。
④ 中東（Middle East）や北アフリカ（North Africa）で起こった民主化運動である「アラブの春」（Arab Spring）への対応が話し合われた。

問32 1980年代以降の日本に関する次の出来事A～Dを年代順に並べたものとして正しいものを，下の①～④の中から一つ選びなさい。 38

A 日米構造協議の開始
B ゼロ金利政策の導入
C 55年体制の崩壊
D 郵政民営化法の成立

① A→C→B→D
② B→A→D→C
③ C→D→A→B
④ D→B→C→A

모의고사

제6회

問1　次の会話を読み，下の問い(1)～(4)に答えなさい。

よし子：₁自衛隊の観艦式(かんかんしき)を見に行こうと思っていたのですが，₂台風による災害への対応を優先するため，中止になってしまい，行けませんでした。

先　生：残念でしょうが，仕方ありませんね。

よし子：観艦式を見に行ったことがある人に聞くと，みんなとても壮観だったと言います。でも，それだけの規模の艦艇を維持するには，お金がかかりそうですね。

先　生：そうですね。₃自衛隊の発足当初に比べて，防衛関係費の額は大きく増えています。ただし，防衛関係費の増額が一概(いちがい)に悪いとは言えません。

よし子：自衛隊は，国防だけでなく，いろいろな任務を果たしていますね。

先　生：₄PKO協力法が制定されてからは，海外にも多く派遣されていますね。

よし子：自衛隊には，これからも日本の安全保障を確保するために，がんばってほしいと思います。

(1) 下線部1に関して，第1回の観艦式は1957年におこなわれ，岸信介首相が観閲した。岸信介内閣のときの日本の出来事として最も適当なものを，次の①～④の中から一つ選びなさい。　1

① 改定された日米安全保障条約（Treaty of Mutual Cooperation and Security between Japan and the United States）が国会で承認された。
② 国際連合（UN）に加盟した。
③ 東海道新幹線が開通した。
④ 沖縄が日本に返還された。

(2) 下線部 2 に関して，台風に関する記述として最も適当なものを，次の①～④の中から一つ選びなさい。　2

① 台風は，東太平洋やカリブ海（Caribbean Sea）などで発生した熱帯低気圧が一定の風速に達したものである。

② 海水温が低いほど大気中に含まれる水蒸気の量が多くなり，上昇気流が活発になるため，台風の勢力はより強くなる。

③ 台風は，上陸すると，陸地からの水蒸気の補給や地表との摩擦により，運動エネルギーが増大する。

④ 台風が接近すると，気圧の低下や強風による吹き寄せによって平常より海水面が高くなり，高潮の被害をもたらすことがある。

(3) 下線部 3 に関して，自衛隊の前身である警察予備隊が創設されるきっかけとなった出来事として最も適当なものを，次の①～④の中から一つ選びなさい。　3

① キューバ危機（Cuban Missile Crisis）
② 中ソ国境紛争
③ 朝鮮戦争（Korean War）
④ ベトナム戦争（Vietnam War）

(4) 下線部4に関して，PKOへの自衛隊の派遣に関する記述として最も適当なものを，次の①〜④の中から一つ選びなさい。 4

① PKO協力法に基づき，日本が最初に自衛隊を派遣した国は，カンボジア（Cambodia）である。

② PKF（平和維持軍）への自衛隊の参加は，PKO協力法制定当初は認められていたが，民主党政権により凍結された。

③ 湾岸戦争（Gulf War）後，クウェート（Kuwait）でのPKOに自衛隊が派遣され，選挙の監視や難民帰還の支援をおこなった。

④ アメリカ（USA）の同時多発テロ後，日本政府は，集団的自衛権の行使と明言したうえで，アフガニスタン（Afghanistan）のPKOに自衛隊を派遣した。

問2 次の文章を読み，下の問い(1)〜(4)に答えなさい。

　ベルギー（Belgium）は，ウィーン体制（Vienna system）成立後の1830年に独立を宣言し，それとほぼ時を同じくして，イギリス（UK）に次ぎ，世界で二番目に産業革命が起こった。石炭に恵まれたことが大きな理由で，石炭産出の中心地であった₁ワロン（Wallonia）地方は，現在，₂世界遺産になっている。

　産業革命により工業化が進んだベルギーは，₃自由貿易を重視してきた。第二次世界大戦後の1948年には，オランダ（Netherlands），ルクセンブルク（Luxembourg）と関税を撤廃する同盟を発足させている。この同盟は，後に発足する₄EEC（欧州経済共同体）の基礎となった。

(1) 下線部1に関して，次の文章中の空欄 a ， b に当てはまる語の組み合わせとして最も適当なものを，下の①〜④の中から一つ選びなさい。 5

　ベルギーでは a ， b ，ドイツ語（German）が公用語とされているが，北部（フランデレン（Flemish）地方）で a 系の言語を話す人々と，南部（ワロン地方）で b 系の言語を話す人々の間で言語紛争と呼ばれる対立が続いた。この対立は，1993年にベルギーが連邦制に移行する要因となった。

	a	b
①	オランダ語	フランス語
②	オランダ語	英語
③	スペイン語	フランス語
④	スペイン語	英語

注）オランダ語（Dutch），スペイン語（Spanish），フランス語（French），英語（English）

(2) 下線部2に関して，世界遺産条約（Convention Concerning the Protection of the World Cultural and Natural Heritage）が採択された国際連合の専門機関として最も適当なものを，次の①〜④の中から一つ選びなさい。 6

① UNU（国連大学）
② UNCTAD（国連貿易開発会議）
③ UNDP（国連開発計画）
④ UNESCO（国連教育科学文化機関）

(3) 下線部3に関して，リカード（David Ricardo）は，比較生産費説によって自由貿易の利点を主張した。比較生産費説について，次の表は，A国とB国の，毛織物とぶどう酒の1単位の生産に必要な労働投入量を示している。これまで，A国とB国は，ともに毛織物とぶどう酒を1単位ずつ生産してきた。いま，A国のぶどう酒の生産を1単位減らし，B国のぶどう酒の生産を1単位増やすとする。このとき，両国合計の毛織物の生産はこれまでと比べて何単位増加するか。最も適当なものを，下の①〜④の中から一つ選びなさい。ただし，両財とも生産に当たって労働のみが必要であるものとする。また，各国内の労働者は，この二つの産業で全員雇用されているものとする。 7

	毛織物	ぶどう酒
A国	40	100
B国	160	120

① 0.25単位
② 0.75単位
③ 1.25単位
④ 1.75単位

(4) 下線部4に関して，EECは，フランス，西ドイツ (West Germany)，イタリア (Italy)，ベルギー，オランダ，ルクセンブルクを加盟国として1958年に発足した。この6か国を示した図として最も適当なものを，次の①〜④の中から一つ選びなさい。 8

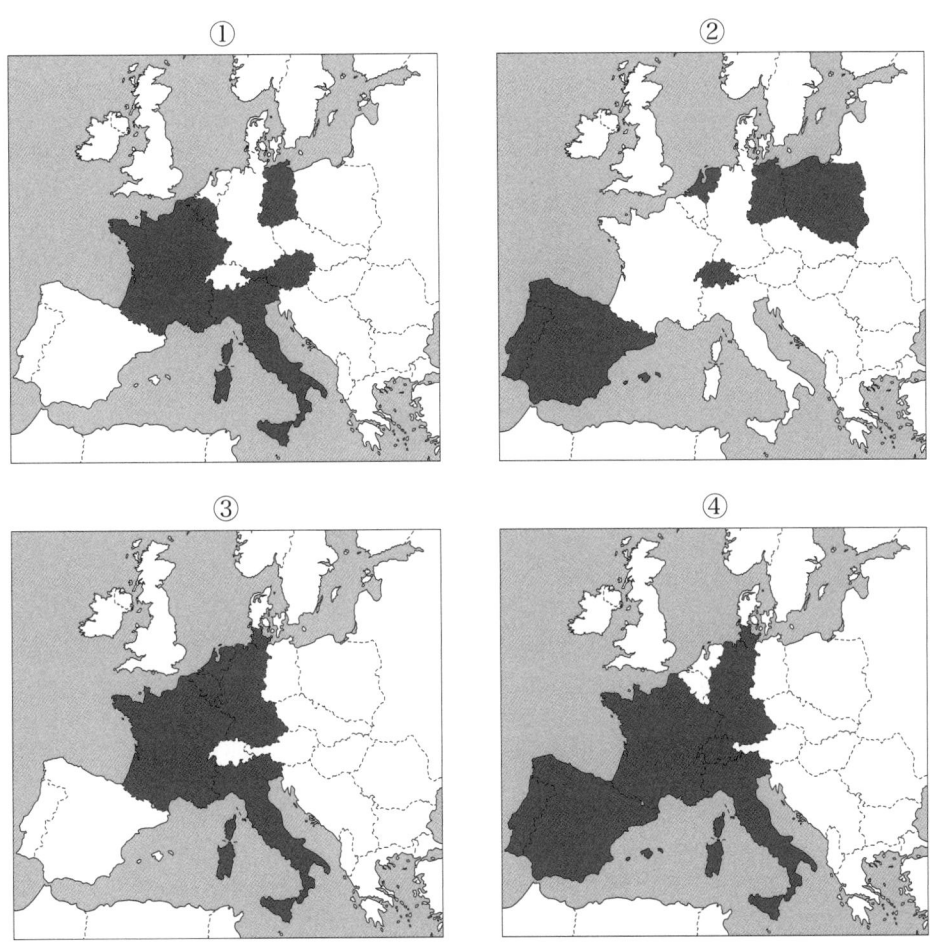

問3 次のグラフは，ある財の需要曲線と供給曲線を示したものである。このグラフにおいて，他の条件を一定として，その財に技術革新が起こり，生産性が上昇した場合，需要曲線または供給曲線はどのように変化するか。最も適当なものを，下の①〜④の中から一つ選びなさい。 9

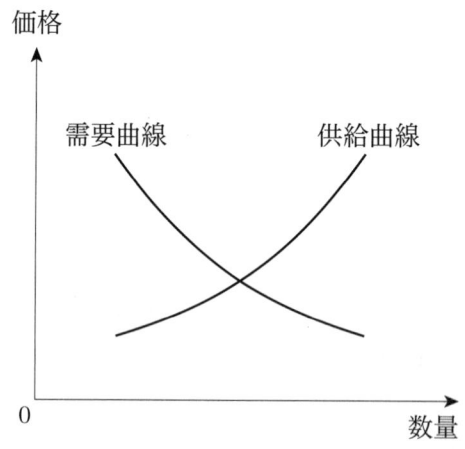

① 需要曲線が右上にシフトする。
② 需要曲線が左下にシフトする。
③ 供給曲線が右下にシフトする。
④ 供給曲線が左上にシフトする。

問4 寡占に関する記述として最も適当なものを，次の①〜④の中から一つ選びなさい。 10

① 寡占市場では，市場占有率を高めるため，品質・デザインの差別化や宣伝・広告を競う非価格競争が起こりやすい。
② 寡占市場において，政府が設定した価格の範囲に収まるように企業が定める価格のことを管理価格という。
③ 日本では，寡占の弊害が消費者に及ぶことを防ぐために独占禁止法が制定されており，その運用を担う行政委員会として内閣府が置かれている。
④ 持株会社は，他の企業の株式を所有して支配下に置く会社のことで，寡占が生じやすいため，日本では設立することができない。

問5　利回り2％で額面100万円の1年物国債があったとする。これは，1年後にこの国債の所有者に102万円を支払うという約束の証書である。この国債は発行後，市中で売買されることになるが，仮に，国債に対する需要と供給の関係が変化し，この国債の価格が直ちに98万円に下がったとする。この場合，この国債を98万円で買った人にとっての金利として最も適当なものを，次の①～④の中から一つ選びなさい。　11

① 　0％
② 　約2％
③ 　約4％
④ 　約5％

問6　1990年代後半の日本の金融の状況に関する記述として最も適当なものを，次の①～④の中から一つ選びなさい。　12

① 「日本版金融ビッグバン」の一環として，金融機関が破綻したときに政府系金融機関が預金の全額払い戻しを保証する制度を廃止した。
② 金融機関の破綻処理の方法を定めた法律や，経営破綻を未然に防ぐために金融機関に公的資金を注入するための法律が制定された。
③ 中小の金融機関を含めた金融機関全体の存続と利益を守るため，銀行，信託，証券，保険の相互参入が禁止された。
④ 銀行は，自己資本比率に対する国際規制であるBIS規制を守るために，企業への貸出を積極的におこなった。

問7　プライマリーバランス（primary balance）の説明として最も適当なものを，次の①〜④の中から一つ選びなさい。　13

① 歳入における直接税の額から，間接税の額を差し引いた収支である。
② 前年度の赤字国債の発行額から，今年度の赤字国債の発行額を差し引いた収支である。
③ 日本銀行が購入した国債の額から，発行した日本銀行券の額を差し引いた収支である。
④ 公債金を除く税収などの歳入から，国債費を除いた歳出を差し引いた収支である。

問8　日本における国の予算に関する記述として最も適当なものを，次の①〜④の中から一つ選びなさい。　14

① 一般会計予算は，年度途中に予想外の状況が生じて修正が必要になった場合に組まれる予算のことである。
② 特別会計予算は，特定の事業の実施や，特定の資金を運用するために組まれる予算のことである。
③ 2010年代以降，一般会計予算の歳出で最も大きな割合を占めている項目は，公共事業関係費である。
④ 新年度の開始までに予算の議決が成立しなかった場合は，議決が成立するまで，前年度の予算が執行される。

問9 次のグラフは、アメリカ、中国 (China)、インドネシア (Indonesia)、モザンビーク (Mozambique) の実質経済成長率の推移を示したものである。インドネシアに当てはまるものを、下の①〜④の中から一つ選びなさい。 15

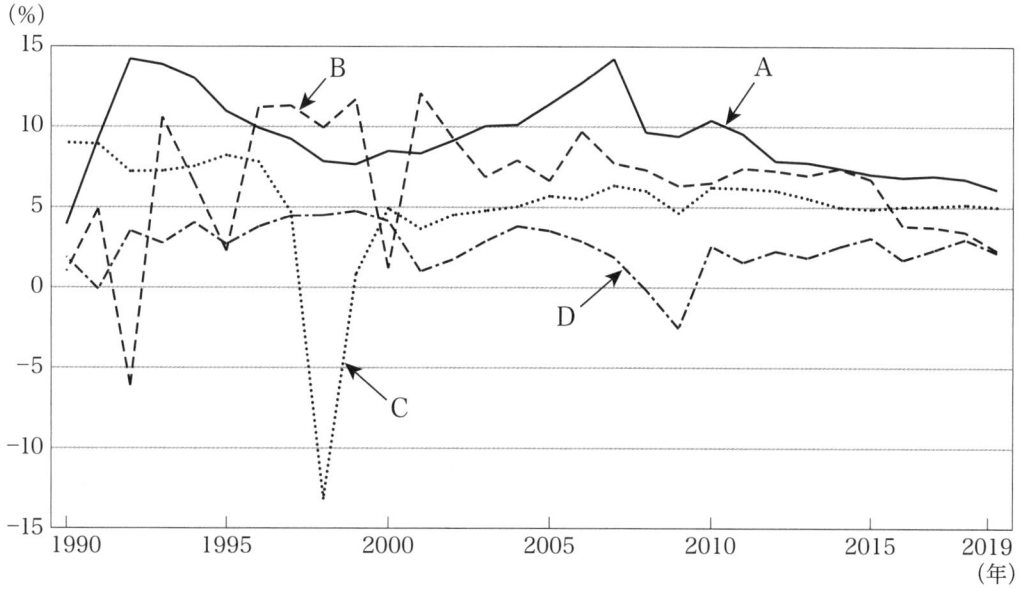

UN "National Accounts - Analysis of Main Aggregates (AMA)" より作成

① A
② B
③ C
④ D

問10　1979年にイギリスの首相に就任したサッチャー（Margaret Thatcher）がおこなった，小さな政府を目指す経済政策として最も適当なものを，次の①～④の中から一つ選びなさい。　16

① 国有企業の民営化
② 非関税障壁の構築
③ 全家庭への最低限の所得の保障
④ 大規模店舗の出店規制

問11　日本の社会保障制度の四つの柱とその説明の組み合わせとして最も適当なものを，次の①～④の中から一つ選びなさい。　17

	社会保障制度	説明
①	社会保険	病気，けが，老齢などに対して経済保障をおこなう仕組みであり，医療，年金，介護，雇用，労災の五つに分かれている。
②	公的扶助	感染症の予防や公害の対策など，国民の健康を増進させるための仕組みである。
③	公衆衛生	障害者や高齢者など，社会的な保護や援助を必要とする人々に対して，施設やサービスを提供する仕組みである。
④	社会福祉	生活保護法に基づき，すべての国民に対して必要に応じて最低限度の生活を保障する仕組みである。

問12 次の文章中の空欄 a ～ d に当てはまる語の組み合わせとして最も適当なものを，下の①～④の中から一つ選びなさい。　18

　仮に，いま，外国為替市場において円安ドル高になっているとする。このとき，電化製品の売買を考えると，日本国内では，円安ドル高になるほど，アメリカの製品は日本の製品に対して a となるため，日本国内でのアメリカの製品の需要が b する。逆に，アメリカの国内では，円安ドル高になるほど，日本の製品はアメリカの製品に対して c となるため，アメリカの国内での日本の製品の需要が d する。

	a	b	c	d
①	割高	増加	割安	減少
②	割高	減少	割安	増加
③	割安	増加	割高	減少
④	割安	減少	割高	増加

問13　BRICSに該当する国として最も適当なものを，次の①～④の中から一つ選びなさい。　19

① ルーマニア（Romania）

② シンガポール（Singapore）

③ チェコ（Czech Republic）

④ インド（India）

問14 次の文章中の空欄 a , b に当てはまる語の組み合わせとして最も適当なものを，下の①～④の中から一つ選びなさい。 20

　日本の経済成長は輸出によるところが大きかったために， a 収支は黒字が定着していたが，2011年に赤字に転落した。一方で，近年の b 収支は大幅な黒字を記録しており，2005年には a 収支の黒字額を上回った。

	a	b
①	貿易	第一次所得
②	貿易	第二次所得
③	金融	第一次所得
④	金融	第二次所得

問15 ヒマラヤ山脈（Himalayas）は，二つの大陸プレートの境界にあり，それぞれのプレートが押し合い，陸地が隆起したため，世界で最も高い山脈になったと考えられている。その二つのプレートの組み合わせとして最も適当なものを，次の①～④の中から一つ選びなさい。 21

① インド・オーストラリアプレートと太平洋プレート
② インド・オーストラリアプレートとユーラシアプレート
③ ユーラシアプレートと太平洋プレート
④ ユーラシアプレートとフィリピン海プレート

注）インド・オーストラリアプレート（Indo-Australian Plate），太平洋プレート（Pacific Plate），ユーラシアプレート（Eurasian Plate），フィリピン海プレート（Philippine Sea Plate）

問16 次の地図①〜④は，メルカトル図法で描かれている。この図法において，マダガスカル島（Madagascar Island）の位置が正確に示されているものとして最も適当なものを，次の①〜④の中から一つ選びなさい。 22

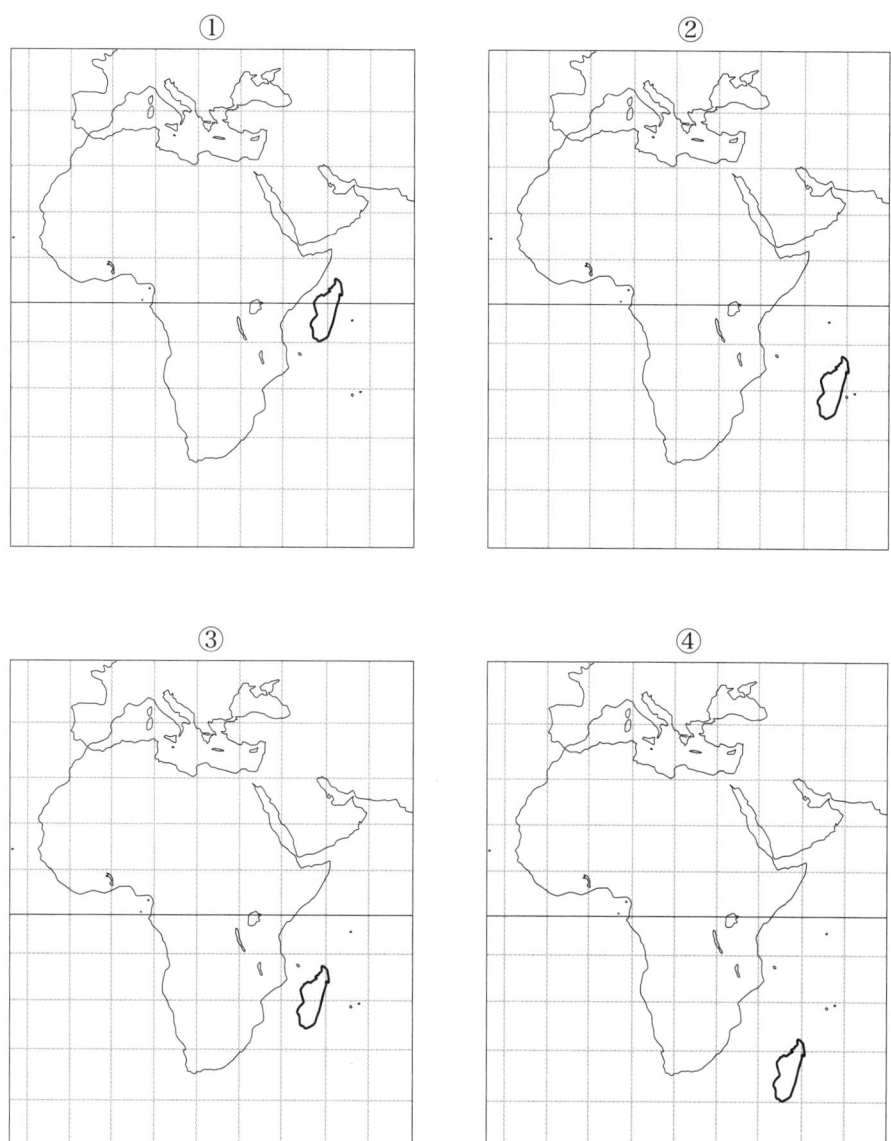

問17 次の表は，ユーラシア (Eurasia) 大陸，アフリカ (Africa) 大陸，北アメリカ (North America) 大陸，南アメリカ (South America) 大陸，オーストラリア (Australia) 大陸の気候区の割合を示したものである。北アメリカ大陸に当てはまるものを，次の①〜④の中から一つ選びなさい。 23

単位：％

	熱帯雨林気候	サバナ気候	ステップ気候	砂漠気候	地中海性気候	亜寒帯湿潤気候	ツンドラ気候	その他
ユーラシア大陸	3.5	3.9	15.9	10.2	2.2	25.8	9.8	28.7
①	7.9	9.0	25.8	31.4	7.9	—	—	18.0
②	19.8	18.8	21.5	25.2	1.3	—	—	13.4
③	26.9	36.5	6.7	7.3	0.3	—	1.6	20.7
④	2.8	2.4	10.7	3.7	0.8	43.4	17.3	18.9

二宮書店編集部『データブック オブ・ザ・ワールド2021』より作成
注）「—」は該当がないことを示している。

問18 第二次世界大戦後の日本の農業に関する記述として最も適当なものを，次の①〜④の中から一つ選びなさい。 24

① GHQ（連合国軍最高司令官総司令部）の指示によりおこなわれた農地改革では，株式会社が農地を保有することが認められた。

② 高度経済成長期になると，政府が米の価格を保証したため農業所得が大きく上昇し，農業従事者数や農家戸数が増加した。

③ ウルグアイ・ラウンド (Uruguay Round) の交渉結果に基づき，政府は米の部分開放を決定し，ミニマム・アクセス米の輸入を受け入れた。

④ 消費者の食生活の多様化により米の国内消費量が減少したため，政府は米の輸出を奨励したが，米をめぐってアメリカとの貿易摩擦が引き起こされた。

問19 次の表は，ヨーロッパの3か国A～Cの2018年における輸出額上位5品目を示したものである。表中のA～Cに当てはまる国の組み合わせとして最も適当なものを，下の①～④の中から一つ選びなさい。 25

	A	B	C
1位	機械類	機械類	機械類
2位	自動車	自動車	自動車
3位	医薬品	金（非貨幣用）	航空機
4位	精密機械	医薬品	医薬品
5位	金属製品	原油	精密機械

矢野恒太記念会編『世界国勢図会2020/21年版』より作成

	A	B	C
①	ドイツ	イギリス	フランス
②	イギリス	ロシア	フランス
③	ロシア	ドイツ	イギリス
④	フランス	ロシア	ドイツ

注）ドイツ（Germany），ロシア（Russia）

問20 イギリス南部からドイツ西部とフランス東部を経てイタリア北部にいたる地域は，各種工業が集積しており，発展を続けている。この地域のことを何と呼ぶか。最も適当なものを，次の①～④の中から一つ選びなさい。 26

① シリコンプレーン（Silicon Plain）

② サンベルト（Sunbelt）

③ リサーチトライアングルパーク（Research Triangle Park）

④ ブルーバナナ（Blue Banana）

問21 ある思想家は，イギリスの人々は自らのことを自由だと思っているがそれは誤りであり，彼らが自由なのは議員を選挙する間だけのことで，議員が選ばれてしまうと彼らは奴隷となる，と主張した。その思想家として最も適当なものを，次の①〜④の中から一つ選びなさい。 27

① ホッブズ（Thomas Hobbes）
② ロック（John Locke）
③ ルソー（Jean-Jacques Rousseau）
④ J.S.ミル（John Stuart Mill）

問22 「平等」については，形式的平等と実質的平等の考え方がある。形式的平等とは法の取り扱いの均等を目指す考え方であり，実質的平等は「結果の平等」を目指す考え方である。実質的平等の考え方に沿った政策の例として最も適当なものを，次の①〜④の中から一つ選びなさい。 28

① 一定の年齢に達した国民に，国会議員の選挙に投票する資格を認める。
② 使用者に対して，労働者の信条を理由として差別することを禁止する。
③ 地方議会において，議員定数の一定割合を女性にする。
④ 所得の大小に関係なく，すべての国民から等しい額の税を徴収する。

問23 大日本帝国憲法に関する記述として最も適当なものを，次の①〜④の中から一つ選びなさい。 29

① 社会主義運動を弾圧するため，憲法の改正により，治安維持の規定が追加された。
② 内閣の規定は憲法になく，内閣総理大臣は「同輩中の首席」にすぎなかった。
③ 国民（臣民）の義務として，兵役の義務，納税の義務，教育の義務が定められた。
④ 天皇は国民統合の象徴であり，形式的な国事行為のみをおこなうと定められた。

問24 刑事司法の原則に関する記述として最も適当なものを，次の①～④の中から一つ選びなさい。　30

① 一事不再理とは，ある行為をした時点でその行為を罰する法律がない場合，事後に法律を定めて罰することはできないという原則である。
② 罪刑法定主義とは，何が犯罪であり，それにどのような刑罰が科せられるかは，事前に法律で定められていなければならないという原則である。
③ 推定無罪とは，無罪の判決が確定した後に，同一の事件について再び罪に問われることはないという原則である。
④ 遡及処罰の禁止とは，裁判で有罪が確定するまでは，被告人は無罪と推定されるという原則である。

問25 日本国憲法に定められた内閣の権限に関する記述として最も適当なものを，次の①～④の中から一つ選びなさい。　31

① 国会の承認を得ることなく，外国と条約を締結することができる。
② 国の予算を作成し，国会に提出する権限を持つ。
③ 国会が制定した法律の施行を拒否することができる。
④ 非行を犯した裁判官を懲戒処分する権限を持つ。

問26 フランスとドイツの国の政治制度に関する記述として最も適当なものを，次の①～④の中から一つ選びなさい。　32

① フランスの議会は一院制であるが，ドイツの議会は二院制である。
② フランスの議会には解散の制度がないが，ドイツの議会には解散の制度がある。
③ フランスには内閣は設置されていないが，ドイツには内閣が設置されている。
④ フランスの大統領は強大な権限を持つが，ドイツの大統領は儀礼的な存在である。

問27 近代の官僚制に関する記述として最も適当なものを，次の①〜④の中から一つ選びなさい。　33

① 官僚制は，官僚が法律の内容を自由に解釈して独自に運用することを特色とする。
② 官僚制は，地方公共団体などの地方の組織では見られない。
③ 官僚制の指揮命令系統は，一定していないことが常である。
④ 官僚制では，業務の一連の手続きはすべて文書化される。

問28 19世紀前半のラテンアメリカ（Latin America）の情勢に関する記述として最も適当なものを，次の①〜④の中から一つ選びなさい。　34

① ラテンアメリカで最初に独立したのは，スペイン（Spain）との独立戦争に勝利したアルゼンチン（Argentina）であった。
② メキシコ（Mexico）は，先住民出身のフアレス（Benito Juárez）の指導の下，独立を達成した。
③ ブラジル（Brazil）は，ポルトガル（Portugal）の王子が本国からの独立を宣言したことにより，帝政の形態で独立した。
④ アメリカはモンロー主義（Monroe Doctrine）を採り，ラテンアメリカでの独立の動きを止めようとした。

問29 東南アジア（Southeast Asia）の植民地化に関する記述として**適当でないもの**を，次の①～④の中から一つ選びなさい。　35

① ポルトガルは，ペナン（Penang），マラッカ（Malacca），シンガポールを海峡植民地として成立させた。

② フランスは，ベトナム（Viet Nam）とカンボジアを合わせて，フランス領インドシナ連邦（French Indochina）を成立させた。

③ オランダは，ジャワ島（Java）で強制栽培制度をおこない，コーヒーやサトウキビなどの作物を安価に買い上げ，莫大な利益をあげた。

④ スペインは，フィリピン（Philippines）を領有し，マニラ（Manila）を建設して貿易の拠点とした。

問30 1895年の下関条約の結果，日本は清（中国）から遼東半島（Liaodong Peninsula）などを獲得した。しかし，同年，三つの国が日本に対し，遼東半島を清に返すように要求した。その三つの国の組み合わせとして最も適当なものを，次の①～④の中から一つ選びなさい。　36

① イギリス，フランス，アメリカ
② アメリカ，ロシア，スペイン
③ イタリア，ドイツ，イギリス
④ フランス，ドイツ，ロシア

問31 ヘミングウェイ（Ernest Hemingway）の小説『武器よさらば』（"A Farewell to Arms"）は，ある戦争中のイタリアが舞台となっている。その戦争として最も適当なものを，次の①～④の中から一つ選びなさい。 37

① クリミア戦争（Crimean War）
② アロー戦争（Arrow War）
③ ナポレオン戦争（Napoleonic Wars）
④ 第一次世界大戦

問32 1970年代から1980年代にかけての次の出来事A～Dを年代順に並べたものとして正しいものを，下の①～④の中から一つ選びなさい。 38

A　アメリカによる戦略防衛構想（SDI）の発表
B　第四次中東戦争（Yom Kippur War/October War）の勃発
C　ソ連（USSR）によるアフガニスタン侵攻
D　マルタ会談（Malta Summit）

① A→B→D→C
② B→C→A→D
③ C→D→B→A
④ D→A→C→B

모의고사

제 7 회

問1 次の文章を読み，下の問い(1)〜(4)に答えなさい。

　口蹄疫(こうていえき)は，口蹄疫ウイルスが原因で，₁牛，豚，山羊(やぎ)などの動物がかかる病気である。口蹄疫にかかった動物は殺処分されるが，ウイルスの伝播力が非常に強いため，対策が遅れると大きな経済的被害が生じてしまう。2001年にイギリス（UK）で口蹄疫が大流行した時は，400万頭以上の家畜が殺処分され，被害額は50億ポンドを上回った。

　このように，口蹄疫の発生は一国の経済に重大な影響を与えることがあるが，₂技術革新のきっかけになったこともある。

　例えば，₃1914年の北アメリカ（North America）における口蹄疫の大流行が，自動車に₄ガソリンエンジンが搭載されるようになった背景の一つと言われる。1914年当時は，自動車の動力として蒸気エンジンが多く使われていたが，口蹄疫の流行を防ぐために各地の馬用の水桶が撤去されたため，水桶で水を補給していた蒸気エンジン搭載の自動車は補給が困難になってしまった。そのため，代替の動力としてガソリンエンジンの研究・開発が盛んにおこなわれたという。

(1) 下線部1に関して，次の表は，2018年における家畜としての牛，豚，山羊の頭数上位5か国とその割合を示したものである。表中のA〜Cには中国（China），ブラジル（Brazil），インド（India）のいずれかが当てはまる。その組み合わせとして最も適当なものを，下の①〜④の中から一つ選びなさい。　1

牛

国	頭数	割合
A	213,523	14.3
B	184,464	12.4
アメリカ	94,298	6.3
C	63,271	4.2
エチオピア	62,600	4.2
世界計	1,489,745	100.0

豚

国	頭数	割合
C	441,589	45.1
アメリカ	74,550	7.6
A	41,444	4.2
スペイン	30,804	3.1
ベトナム	28,152	2.9
世界計	978,332	100.0

山羊

国	頭数	割合
C	138,238	13.2
B	132,750	12.7
ナイジェリア	79,382	7.6
パキスタン	74,134	7.1
バングラデシュ	60,074	5.7
世界計	1,045,916	100.0

矢野恒太記念会編『世界国勢図会2020/21年版』より作成

注）頭数の単位は千頭，割合の単位は％。

アメリカ（USA），エチオピア（Ethiopia），スペイン（Spain），ベトナム（Viet Nam），ナイジェリア（Nigeria），パキスタン（Pakistan），バングラデシュ（Bangladesh）

	A	B	C
①	ブラジル	インド	中国
②	ブラジル	中国	インド
③	中国	ブラジル	インド
④	インド	中国	ブラジル

(2) 下線部 2 に関して，技術革新に関する記述として最も適当なものを，次の①〜④の中から一つ選びなさい。　2

① シュンペーター（Joseph Schumpeter）は，企業家によるイノベーションが資本主義経済発展の原動力であると唱えた。
② 技術革新によって起こる，50年から60年を周期とする景気循環は，ジュグラーの波（Juglar cycle）と呼ばれる。
③ 技術革新が起こったとしても，資本や労働の投入要素が一定である限り，それまでよりも多くの付加価値を生み出すことはできない。
④ 18世紀後半にイギリスで始まった産業革命では，技術革新により電気という新しい動力源が登場した。

(3) 下線部 3 に関して，1914年に始まった第一次世界大戦に関する記述として最も適当なものを，次の①〜④の中から一つ選びなさい。　3

① ドイツ（Germany）の皇位継承者がサラエボ（Sarajevo）でフランス人の青年に暗殺された事件が，第一次世界大戦が始まる契機になった。
② イタリア（Italy）は，ロンドン秘密条約（Treaty of London）で「未回収のイタリア」の返還の約束を得て，協商国側に加わった。
③ ロシア（Russia）では，レーニン（Lenin）を首相とする臨時政府が中立を宣言し，農奴解放令を出すなど国内改革に専念した。
④ イギリスは大戦の末期に「14か条の平和原則」を発表し，東欧（Eastern Europe）やアフリカ（Africa）に民族自決の原則を適用すべきと訴えた。

(4) 下線部**4**に関して，次の表は，2017年におけるアメリカ，イギリス，中国，ロシアの原油の国内供給量と自給率を示したものである。イギリスに当てはまるものを，下の①～④の中から一つ選びなさい。 **4**

	国内供給量（万t）	自給率（％）
A	81,575	56.5
B	59,347	32.3
C	5,325	80.9
D	26,397	194.9

矢野恒太記念会編『世界国勢図会2020/21年版』より作成

① A

② B

③ C

④ D

問2 次の文章を読み，下の問い(1)～(4)に答えなさい。

　平原と丘陵地帯が広がるドイツの中部は，人口が1000万人を超える都市はないが，ワインの集散地として知られるマインツ（Mainz）や，1919年に憲法制定会議が開かれた₁ワイマール（Weimar），宗教改革を起こした₂ルター（Martin Luther）が拠点としたヴィッテンベルク（Wittenberg），ツヴィンガー（Zwinger）宮殿や聖母教会の建つドレスデン（Dresden）など，特色のある都市が多い。

　中でも，フランクフルト（Frankfurt）はドイツの経済・金融の中心地であり，ドイツ連邦銀行の本社や，ユーロ圏の金融政策を担う　a　が置かれている。また，₃IT産業が成長しており，機械産業も盛んである。

(1) 下線部1に関して，ワイマール憲法（Weimar Constitution）では，すべての国民が人間らしい豊かな生活を送る権利の保障が定められた。この権利は何と呼ばれるか。最も適当なものを，次の①～④の中から一つ選びなさい。　5

① 参政権
② 新しい人権
③ 自由権
④ 社会権

(2) 下線部2に関して，ルターは『新約聖書』をドイツ語（German）に翻訳し，ドイツ語の聖書は，活版印刷により各地に広まった。このことが及ぼした影響の説明として最も適当なものを，次の①～④の中から一つ選びなさい。　6

① ドイツ語を読める人が増加した一方，ラテン語（Latin）を読める人が減少した。
② ギリシャ語（Greek）で書かれた『新約聖書』が異端とみなされるようになった。
③ 民衆がイエスの教えに直接接することができるようになった。
④ プロテスタントの伸長を抑え，カトリックの信者の増加に寄与した。

(3) 文章中の空欄 a に当てはまる語として最も適当なものを，次の①～④の中から一つ選びなさい。　7

① ECB
② EURATOM
③ IAEA
④ CIS

(4) 下線部 3 に関して，次の三角図において，2019年におけるドイツの産業別人口構成比を示しているものとして最も適当なものを，下の①～④の中から一つ選びなさい。　8

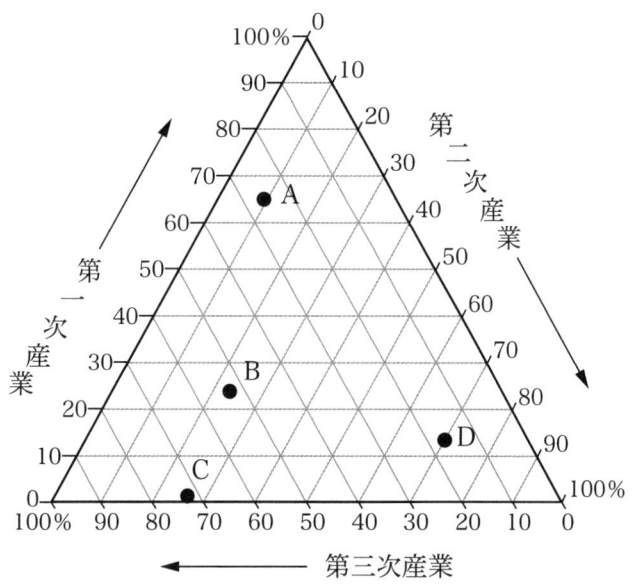

ILO"World Employment and Social Outlook" より作成

① A
② B
③ C
④ D

問3 次のグラフは，A国におけるある財の需要曲線（D）と供給曲線（S）を示したものであり，均衡価格は500円である。ここで，A国の政府が生産者に対して財1単位当たり100円の税を課したところ，課税後の供給曲線がS′となった。この場合，課税後の均衡価格（税込み）の説明として最も適当なものを，下の①～④の中から一つ選びなさい。 9

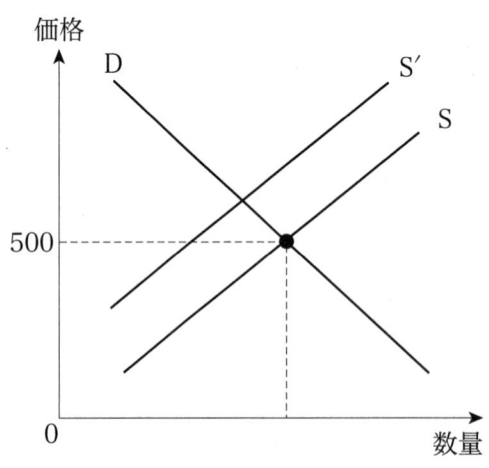

① 課税前に比べて，100円以上低下すると考えられる。
② 課税前と比べた上昇額は，99円以下になると考えられる。
③ 課税前と比べた上昇額は，100円になると考えられる。
④ 課税前と比べた上昇額は，101円以上になると考えられる。

問4 企業は財やサービスを生産して利潤を得る。消費者がサービスを購入した例として最も適当なものを，次の①～④の中から一つ選びなさい。 10

① 美容室で，髪を茶色に染めてもらった。
② スーパーで鮭の切り身を購入した。
③ 旅先で，お土産を購入した。
④ 宝石店でダイヤモンドを購入した。

問5　日本の中小企業に関する記述として最も適当なものを，次の①～④の中から一つ選びなさい。ただし，ここでの中小企業は，中小企業基本法に定義された中小企業を指す。　11

① 中小企業の数は，日本の全企業の5割に満たない。
② 中小企業は，大企業に比べて資本装備率や賃金が高い。
③ 中小企業には，特定の大企業から委託を受けて部品などを製造する下請けが多い。
④ 中小企業は資本金が少ないため，株式会社となることはできない。

問6　国家が経済にまったく干渉しなくとも，企業や個人が自由に経済活動をおこなうことで，社会全体に調和がもたらされると主張したイギリスの経済学者は誰か。最も適当なものを，次の①～④の中から一つ選びなさい。　12

① リスト（Friedrich List）
② ケインズ（John Maynard Keynes）
③ ガルブレイス（John Kenneth Galbraith）
④ アダム・スミス（Adam Smith）

問7　インフレーションに関する記述として最も適当なものを，次の①～④の中から一つ選びなさい。　13

① 有効需要が減少し，供給が需要を上回ることは，インフレーションの起こる要因である。
② 原油価格の上昇など，コストが増加することは，インフレーションが収まる要因である。
③ インフレーションが起こると，預貯金の実質的な価値が上昇することが期待される。
④ 予期しないインフレーションは，年金生活者などの所得が増えにくい人々の生活水準の低下を招く。

問8 日本で1949年に実施されたドッジ・ライン（Dodge Line）の内容の説明として最も適当なものを，次の①〜④の中から一つ選びなさい。　14

① 間接税中心の税体系が構築された。
② 単一為替レートが設定された。
③ 管理通貨制度が採用された。
④ 建設国債が発行された。

問9 次のグラフは，日本の1970年から2020年までにおける，米類，ガソリン，電気冷蔵庫，大学授業料（国立）の価格指数の推移を示したものである。価格指数は，いずれも1990年を基準年としている。グラフ中のA〜Dに当てはまる品目の組み合わせとして最も適当なものを，下の①〜④の中から一つ選びなさい。　15

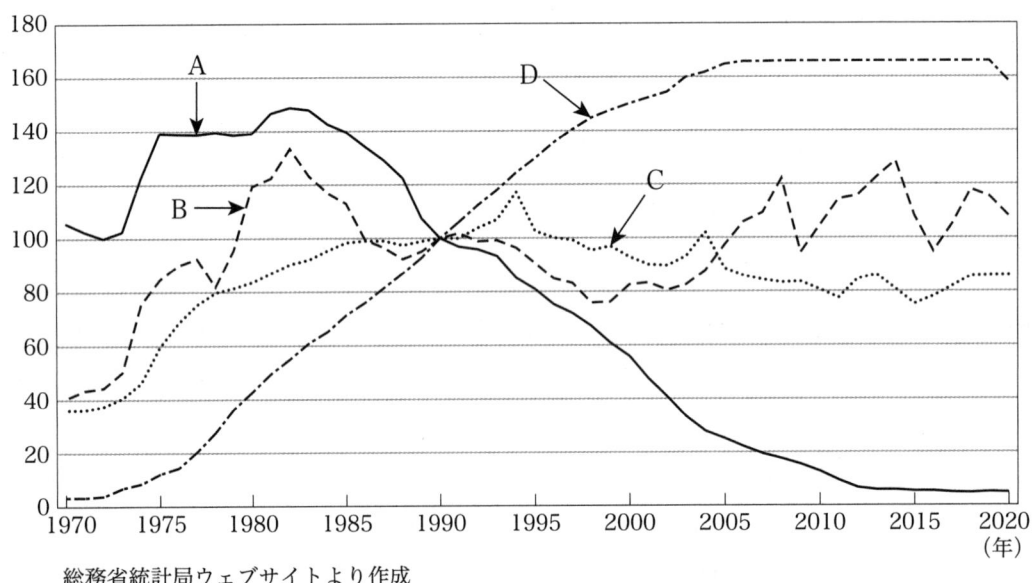

総務省統計局ウェブサイトより作成

	A	B	C	D
①	米類	大学授業料（国立）	電気冷蔵庫	ガソリン
②	ガソリン	米類	大学授業料（国立）	電気冷蔵庫
③	電気冷蔵庫	ガソリン	米類	大学授業料（国立）
④	大学授業料（国立）	電気冷蔵庫	ガソリン	米類

問10　1985年のG5によるプラザ合意（Plaza Accord）の内容の説明として最も適当なものを，次の①〜④の中から一つ選びなさい。 16

① 固定相場制から変動相場制に移行することに合意した。
② 外国為替市場に協調介入してドル高を是正することに合意した。
③ ODA（政府開発援助）実績を倍増させることに合意した。
④ 法人税の最低税率の下限の設定に合意した。

問11　1980年代の日本とアメリカの貿易摩擦において，アメリカが問題視した日本の輸出品目として最も適当なものを，次の①〜④の中から一つ選びなさい。 17

① 繊維
② 洗濯機
③ 携帯電話
④ 半導体

問12　2008年9月のリーマン・ショック（Bankruptcy of Lehman Brothers）後に起こった金融危機に対して主要国・地域の中央銀行が採った金融政策の組み合わせとして最も適当なものを，下の①〜④の中から一つ選びなさい。 18

ア　量的緩和政策
イ　銀行券の発行停止
ウ　政策金利の引き下げ
エ　預金準備率の引き上げ

① アとウ
② アとエ
③ イとウ
④ イとエ

問13 次の表は，B国のある年における国際間の経済的取引の結果を示したものである。この年のB国の経常収支の値として最も適当なものを，下の①〜④の中から一つ選びなさい。 19

貿易収支	200
サービス収支	−100
第一次所得収支	1200
第二次所得収支	−50
資本移転等収支	−50
金融収支	1300
誤差脱漏	−100

注）−は赤字を示す。

① 100の黒字
② 1250の黒字
③ 2500の黒字
④ 1200の赤字

問14 次の表は，2018年における日本，オランダ(Netherlands)，シンガポール(Singapore)，エジプト (Egypt) の一人当たり貿易額と貿易依存度を示したものである。表中のA～Dに当てはまる国の組み合わせとして最も適当なものを，下の①～④の中から一つ選びなさい。 20

	一人当たり貿易額（ドル）		貿易依存度（％）	
	輸出	輸入	輸出	輸入
A	281	665	11.1	26.2
B	5,801	5,883	14.8	15.1
C	71,727	64,418	114.4	102.7
D	42,598	37,838	79.5	70.6

矢野恒太記念会編『世界国勢図会2020/21年版』より作成

	A	B	C	D
①	エジプト	日本	シンガポール	オランダ
②	オランダ	エジプト	日本	シンガポール
③	シンガポール	オランダ	エジプト	日本
④	日本	シンガポール	オランダ	エジプト

問15 クック海峡（Cook Strait）とマゼラン海峡（Strait of Magellan）の位置の組み合わせとして最も適当なものを，下の①〜④の中から一つ選びなさい。21

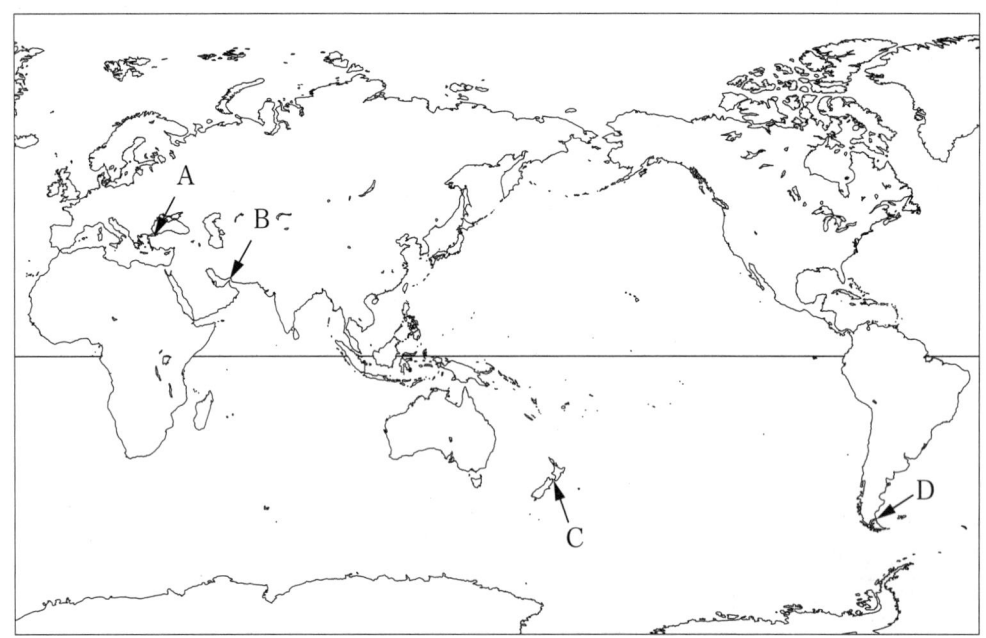

	クック海峡	マゼラン海峡
①	A	B
②	A	C
③	B	D
④	C	D

問16 東京に本店を置くX社は，日本国内の他，ニューヨーク（New York）に支店を設置している。X社の営業時間は本店・支店すべて，各地の標準時で午前8時から午後5時までである。この場合において，東京本店の営業時間中に，東京本店からニューヨーク支店に電話をかけると，どうなるか。最も適当なものを，次の①〜④の中から一つ選びなさい。ただし，標準時子午線は東京が東経135度，ニューヨークが西経75度であり，サマータイムは考慮しないものとする。また，営業時間外に電話をかけても，連絡はできないものとする。 22

① 東京本店の営業時間中であれば，いつでも，東京本店からニューヨーク支店に電話連絡ができる。

② 午前8時から午前11時の間であれば，東京支店からニューヨーク支店に電話連絡ができる。

③ 午後4時から午後5時の間であれば，東京支店からニューヨーク支店に電話連絡ができる。

④ 東京本店の営業時間は，すべてニューヨーク支店の営業時間外であり，東京本店から電話連絡はできない。

問17 次のグラフは，ある都市のハイサーグラフを示したものである。この都市の属する気候区で主として見られる植生として最も適当なものを，下の①～④の中から一つ選びなさい。 23

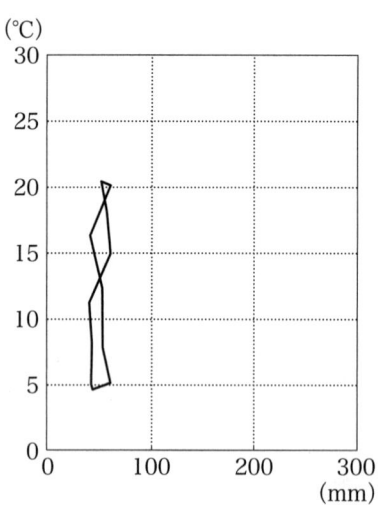

気象庁ウェブサイトより作成

① 短草草原

② 常緑広葉樹

③ 落葉広葉樹

④ 植生は見られない

問18 次の表は，日本，アメリカ，ドイツ，トルコ（Turkey）の原子力発電設備容量（2020年1月1日現在）を示したものである。表中のA～Dに当てはまる国の組み合わせとして最も適当なものを，下の①～④の中から一つ選びなさい。 24

	運転中		建設・計画中	
	容量（千kW）	基数	容量（千kW）	基数
A	101,920	96	3,460	3
B	33,083	33	15,723	11
C	8,545	6	—	—
D	—	—	9,280	8

矢野恒太記念会編『世界国勢図会2020/21年版』より作成
注）運転中とは，現有設備で稼働が可能という意味である。

	A	B	C	D
①	日本	アメリカ	トルコ	ドイツ
②	アメリカ	日本	ドイツ	トルコ
③	アメリカ	ドイツ	日本	トルコ
④	ドイツ	トルコ	アメリカ	日本

問19 ヒートアイランド現象に関する記述として最も適当なものを，次の①～④の中から一つ選びなさい。 25

① 郊外に住宅や工場などが無秩序に広がっていく現象のことである。

② 一般的に，昼間よりも夜間に顕著に見られる。

③ 影響として，生物の生息北限の南下が挙げられる。

④ 対策として，自動車の利用が推奨されている。

問20 2020年現在の日本の人口は，次の図で考えると，どの国とどの国の間になるか。最も適当なものを，図中の①〜④の中から一つ選びなさい。 26

```
小  イギリス
    ①
人   ベトナム
口   ②
規   ナイジェリア
模   ③
    インドネシア
    ④
大  アメリカ
```

矢野恒太記念会編『世界国勢図会2020/21年版』より作成
注）インドネシア（Indonesia）

問21 次の表は，2019年における日本の国内での航空路線別の旅客数を上位5位まで示している。表中のA〜Cに当てはまる空港の組み合わせとして最も適当なものを，下の①〜④の中から一つ選びなさい。 27

	路線	旅客数（人）
1位	東京（羽田）－A	9,416,816
2位	東京（羽田）－B	8,811,944
3位	東京（羽田）－沖縄（那覇）	6,105,371
4位	東京（羽田）－C	5,541,344
5位	東京（羽田）－鹿児島	2,466,061

国土交通省「航空輸送統計速報」より作成

	A	B	C
①	大阪	福岡	新千歳
②	大阪	新千歳	福岡
③	新千歳	大阪	福岡
④	新千歳	福岡	大阪

注）新千歳は，北海道にある空港である。

問22 国家の三要素とは，主権，領域ともう一つは何か。最も適当なものを，次の①〜④の中から一つ選びなさい。　28

① 国民
② 裁判所
③ 内閣
④ 憲法

問23 次の文は，日本国憲法第9条第1項である。空欄　a　に当てはまる語として最も適当なものを，下の①〜④の中から一つ選びなさい。　29

日本国民は，正義と秩序を基調とする国際平和を誠実に希求し，国権の発動たる戦争と，武力による威嚇又は武力の行使は，　a　，永久にこれを放棄する。

① 全面的，かつ
② 国際連合（UN）が許可した場合を除き
③ 我が国が武力攻撃を受けたときであっても
④ 国際紛争を解決する手段としては

問24 日本国憲法では，自由権のうち，経済の自由は精神の自由に比べて制約されやすいとされている。しかし，よし子さんは，経済の自由も，精神の自由と同様に，できるだけ制約すべきでないと考えている。よし子さんの立場に沿った主張の例として最も適当なものを，次の①～④の中から一つ選びなさい。　30

① ある生活必需品の販売者が特定の企業だけである場合には，その商品の公正な流通を確保するため，政府は独占禁止のための積極的な措置をとるべきである。
② 遺伝子操作などの急速な科学技術の進歩に伴う危険性の増大に対処するために，政府は科学技術の研究に対する統制を強化するべきである。
③ 職業選択は，人々が自らの個性を発揮する場を選択する行為としてなされることであるから，個人の幸福追求とも不可分の関連を有している。
④ 日本国憲法は，全体として福祉国家的な理想の下に，経済的弱者に対する適切な保護政策をとることを念頭に制定された憲法である。

問25 次の文章を読み，文章中の下線部1，2の正誤の組み合わせとして最も適当なものを，下の①～④の中から一つ選びなさい。　31

　国籍は，各国それぞれが法律によって，どのような者に与えるかを定める。その定め方には，大きく分けて二つある。一つは，₁その国で生まれた子に，その国の国籍を与えるものであり，これを出生地主義という。もう一つは，その国の国籍を有する父または母の子として生まれた子に，その国の国籍を与えるものであり，これを血統主義という。出生地主義を採る国としてカナダ（Canada）やブラジルがあり，₂血統主義を採る国として日本やアメリカがある。

	下線部1	下線部2
①	正	正
②	正	誤
③	誤	正
④	誤	誤

問26 次の文章中の空欄 a ～ c に当てはまる語の組み合わせとして最も適当なものを，下の①～④の中から一つ選びなさい。 32

日本には，国会議員選挙において各選挙区における議員一人当たりの有権者数が異なる，一票の格差の問題がある。例えば，参議院議員を選ぶためのA選挙区は定数4で，有権者数が400万人であるとする。この場合，A選挙区の議員一人当たりの有権者数は a 人である。一方，B選挙区は定数1で，有権者数が20万人であるとする。この場合，B選挙区の議員一人当たりの有権者数は b 人である。よって，両選挙区の一票の格差は， c 倍になる。

	a	b	c
①	100万	20万	5
②	100万	80万	1.25
③	400万	20万	20
④	400万	80万	5

問27 国際連合憲章（Charter of the United Nations）が採択された会議が開かれた場所として最も適当なものを，次の①～④の中から一つ選びなさい。 33

① ロンドン（London）
② ウィーン（Vienna）
③ ブレトンウッズ（Breton Woods）
④ サンフランシスコ（San Francisco）

問28 18世紀後半の革命前のフランス（France）の情勢に関する記述として最も適当なものを，次の①～④の中から一つ選びなさい。 34

① 貴族が第一身分，商工業者が第二身分，農民が第三身分に区別される身分制社会が形成されており，第三身分は重税に苦しんでいた。
② 宮廷の浪費やアメリカ独立戦争（American War of Independence）への参戦などによって，フランスの国家財政は破綻に瀕していた。
③ 政府は，イギリスに奪われた植民地を取り戻すため，三部会に第三身分に対する徴兵の承認を求めていた。
④ スペイン国王がフランスの王位継承権を主張し，議会はこれを支持する党派と反対する党派に二分されていた。

問29 19世紀後半の次の出来事A～Dを年代順に並べたものとして正しいものを，下の①～④の中から一つ選びなさい。 35

A 米西戦争（Spanish-American War）の勃発
B 三国同盟（Triple Alliance）の成立
C 南北戦争（American Civil War）の勃発
D ドイツ帝国（German Empire）の成立

① A→B→C→D
② A→D→C→B
③ C→D→B→A
④ C→A→B→D

問30 江戸時代末期，日本と欧米諸国との間で貿易が始められた。貿易開始当初の日本の状況に関する記述として最も適当なものを，次の①～④の中から一つ選びなさい。

36

① 主な輸出品の生糸は，需要の増大に供給が追いつかず，国内では品不足になった。
② 安価で良質な小麦が大量に輸入され，日本人の主食が米からパンに変化した。
③ 最大の貿易港は函館で，最大の貿易相手国は函館に近いロシアであった。
④ 幕府は輸入した武器や艦船を用いて，幕府に敵対的な藩の多くを滅ぼした。

問31 1930年代のドイツに関する記述として最も適当なものを，次の①～④の中から一つ選びなさい。

37

① 議会の立法権を政府に移す全権委任法が成立し，政府は議会の承認なしで法律を制定することができるようになった。
② ミュンヘン（Munich）会談において，イギリスとフランスは，ドイツがポーランド（Poland）の全土を領有することを認めた。
③ ファシズム勢力の台頭に抵抗するため，共産主義者や社会主義者はミュンヘン一揆（Munich Putsch）を起こした。
④ 軍備を増強してフランス東部に侵攻したが，国際連盟（League of Nations）の軍事制裁により侵攻は失敗した。

問32 地域紛争に関する記述として**適当でないもの**を，次の①〜④の中から一つ選びなさい。 38

① クルド人（Kurds）が多く住む地域は，トルコ，イラク（Iraq），イラン（Iran）などの国境線で分断され，それらの国ではクルド人の自治・分離独立問題が生じている。

② ユーゴスラビア（Yugoslavia）は，1990年代になると，民族間の対立が激しくなり，構成していた共和国の分離・独立が進み，解体した。

③ ロシアからの独立を宣言したチェチェン共和国（Chechnya）に対し，ロシアは軍事介入をおこなった。

④ 湾岸戦争（Gulf War）では，イスラエル（Israel）に侵攻したイラクを制裁するために，国連安全保障理事会の決議を得て，アメリカを中心とする多国籍軍が派遣された。

모의고사

제8회

問1　次の会話を読み，下の問い(1)～(4)に答えなさい。

生徒：アメリカ（USA）の₁大統領選挙が行われる年は，日本でもほぼ1年を通してその報道がされていますね。

先生：アメリカの大統領が掲げる政策は，日本だけでなく世界の政治や経済に大きな影響を及ぼすため，大統領選挙は毎回とても注目されています。

生徒：2020年の大統領選挙は民主党のバイデン（Joe Biden）氏が勝利しましたが，大接戦でした。

先生：南北戦争（American Civil War）以来とも言われる₂深刻な分断の下でおこなわれた選挙だということがよく分かります。

生徒：バイデン大統領が₃就任演説でリンカーン（Abraham Lincoln）の名前を出したのは，それを意識していたからかもしれません。

先生：就任演説では，アメリカ国内で広がる怒り，恨み，憎しみ，過激主義，違法行為，暴力，病気，₄失業，絶望といった敵と戦うために，国民の結束を求めています。また，その実現のため，"Build back better"（再建するなら，前よりよいものを）のスローガンの下，経済政策を矢継ぎ早に実施しました。

(1) 下線部1に関して，アメリカの大統領選挙に関する記述として最も適当なものを，次の①～④の中から一つ選びなさい。　　　1

① アメリカ大統領を既に二期務めていても，立候補することができる。
② 大統領を選出する大統領選挙人を18歳以上の有権者が選ぶ仕組みである。
③ 第一次世界大戦と第二次世界大戦の間に，女性が大統領に選出されたことがある。
④ アメリカ国籍でなくても，投票することができる。

(2) 下線部 2 に関して，アメリカでは建国当初から既に分断・対立が見られた。1787年の憲法制定会議で生じた分断・対立として最も適当なものを，次の①～④の中から一つ選びなさい。　2

① 社会主義経済の採用をめぐる分断・対立
② 社会権を認めるかどうかをめぐる分断・対立
③ 奴隷制度の復活をめぐる分断・対立
④ 中央政府の権限を強化するかどうかをめぐる分断・対立

(3) 下線部 3 に関して，バイデン氏の大統領就任式はワシントン D.C.（Washington, D.C.）でおこなわれた。ワシントン D.C. の位置として最も適当なものを，次の地図中の①～④の中から一つ選びなさい。　3

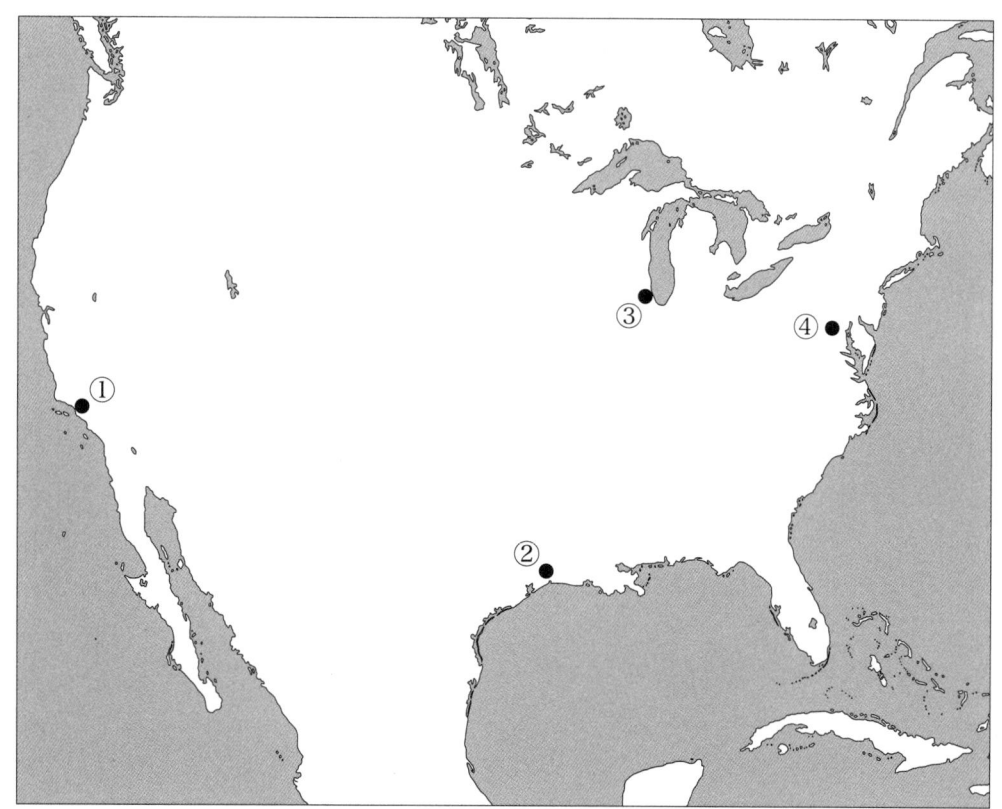

(4) 下線部 4 に関して，日本の労働環境に関する記述として最も適当なものを，次の①～④の中から一つ選びなさい。　　4

① 世界金融危機後，完全失業率の上昇が懸念されたため，労働基準法が改正され大企業に終身雇用制が義務づけられた。

② 生産年齢人口の減少に伴う労働力不足に対応するため，すべての企業は従業員の一定比率を外国人労働者とすることが義務づけられた。

③ 男女雇用機会均等法の施行以降，女性の社会参加が進み，女性労働者のほとんどが非正規雇用から正規雇用に移行した。

④ 高齢者の労働参加を促進し，高齢者の持つ専門知識や技能・経験を活かすため，定年の引き上げや70歳までの継続雇用などの措置が講じられている。

問2 次の文章を読み，下の問い(1)〜(4)に答えなさい。

　フランス（France）は，1789年に₁革命が起こったことで知られる。その国土は，南西の国境地域に新期造山帯であるピレネー山脈（Pyrenees）はあるが，大半が平野と丘陵で占められている。広大な平野と丘陵は，温暖な気候とも相まって，EU（欧州連合）最大の₂農業国フランスの基礎となっている。

　また，フランスは，世界遺産に登録されている₃ヴェルサイユ（Versailles）の宮殿と庭園やシャルトル（Chartres）大聖堂など，多くの₄観光資源に恵まれており，2019年の外国人旅行客数は世界で最も多かった。

(1) 下線部1に関して，次の一節は，1789年に採択されたフランス人権宣言の第11条の一部である。この一節が示している権利として最も適当なものを，下の①〜④の中から一つ選びなさい。　5

> 思想および意見の自由な伝達は，人の最も貴重な権利の一である。

出典：高木八尺・末延三次・宮沢俊義編『人権宣言集』岩波書店

① 表現の自由
② 法定手続きの保障
③ 黙秘権
④ 財産権

(2) 下線部 2 に関して，次の表は，日本，イギリス (UK)，フランス，カナダ (Canada) の食料自給率（カロリーベース）の推移を示したものである。フランスに当てはまるものを，下の①〜④の中から一つ選びなさい。　6

単位：％

	1970年	1980年	1990年	2000年	2010年	2017年
A	46	65	75	74	72	68
B	109	156	187	161	225	255
C	60	53	48	40	39	38
D	108	131	142	132	129	130

農林水産省ウェブサイトより作成

① A
② B
③ C
④ D

(3) 下線部 3 に関して，第一次世界大戦後のヴェルサイユ体制 (Versailles Settlement) 下の情勢に関する記述として最も適当なものを，次の①〜④の中から一つ選びなさい。　7

① イギリスとフランスは，賠償金支払いの遅延を理由として，ドイツ (Germany) 西部の工業地帯であるルール (Ruhr) 地方を占領した。
② 東欧 (Eastern Europe) では，民族自決の原則に基づく領土の分割が進み，チェコスロバキア (Czechoslovakia) やポーランド (Poland) などが独立した。
③ オーストリア (Austria) はハンガリー (Hungary) を王国として認め，その結果，オーストリア・ハンガリー帝国 (Austria-Hungary) が成立した。
④ オスマン帝国 (Ottoman Empire) の領土であったエジプト (Egypt) やシリア (Syria) は，イギリスの保護国とされた。

(4) 下線部4に関して，次の文章中の空欄 a に当てはまる語として最も適当なものを，下の①〜④の中から一つ選びなさい。 8

　外国人観光客が日本の銀座のレストランに訪れて食事をし，代金を支払った。これは国際収支の a に計上される。

① 貿易収支
② サービス収支
③ 第一次所得収支
④ 資本移転等収支

問3 空気のように,存在量が極めて豊富なため,対価を支払うことなく消費できる財の需要曲線と供給曲線を表したグラフとして最も適当なものを,次の①〜④の中から一つ選びなさい。 9

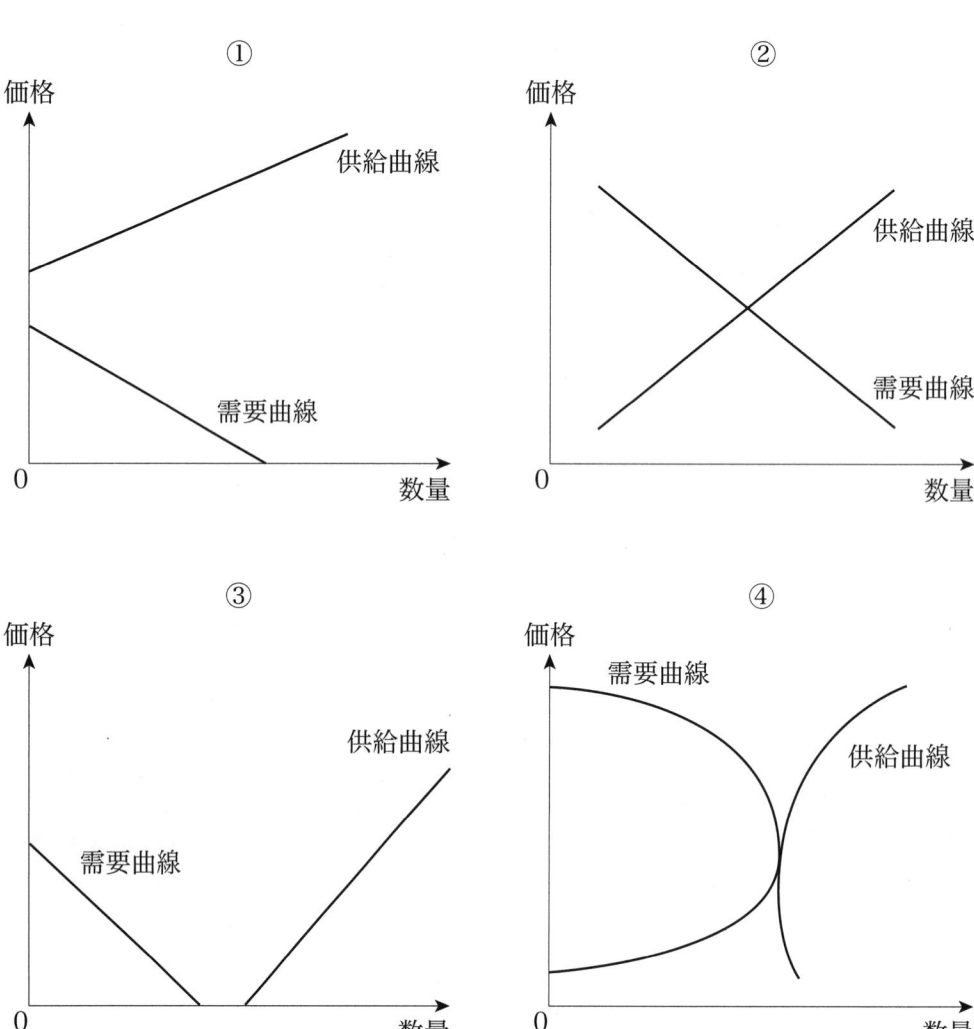

問4 価格競争に関する記述として最も適当なものを，次の①〜④の中から一つ選びなさい。 10

① 政府が市場に介入すると，価格の変動が激しくなる。
② 価格競争は消耗戦になりやすいため，大企業よりも中小企業が有利である。
③ 不況時に価格競争が激化すると，消費が増大し，景気は回復する。
④ 寡占市場のように，企業間の価格競争が弱い市場では，価格が下がりにくい。

問5 日本経済は，第一次石油危機（Oil Crisis）によって物価の上昇と不況が同時に進行する状態に陥った。物価の上昇と不況が同時に進行することを何というか。最も適当なものを，次の①〜④の中から一つ選びなさい。 11

① ハイパーインフレーション（hyperinflation）
② スタグフレーション（stagflation）
③ デフレスパイラル（deflationary spiral）
④ インフレターゲット（inflation targeting）

問6 GDP（国内総生産）に算入される項目として最も適当なものを，次の①〜④の中から一つ選びなさい。 12

① ボランティア活動
② 主婦（主夫）による家事・育児
③ 農家の自家消費
④ 中古品の売買

問7 次のグラフは，日本，アメリカ，ドイツにおける，家計可処分所得に占める家計貯蓄の割合の推移を示したものである。グラフ中のA～Cに当てはまる国の組み合わせとして最も適当なものを，下の①～④の中から一つ選びなさい。 13

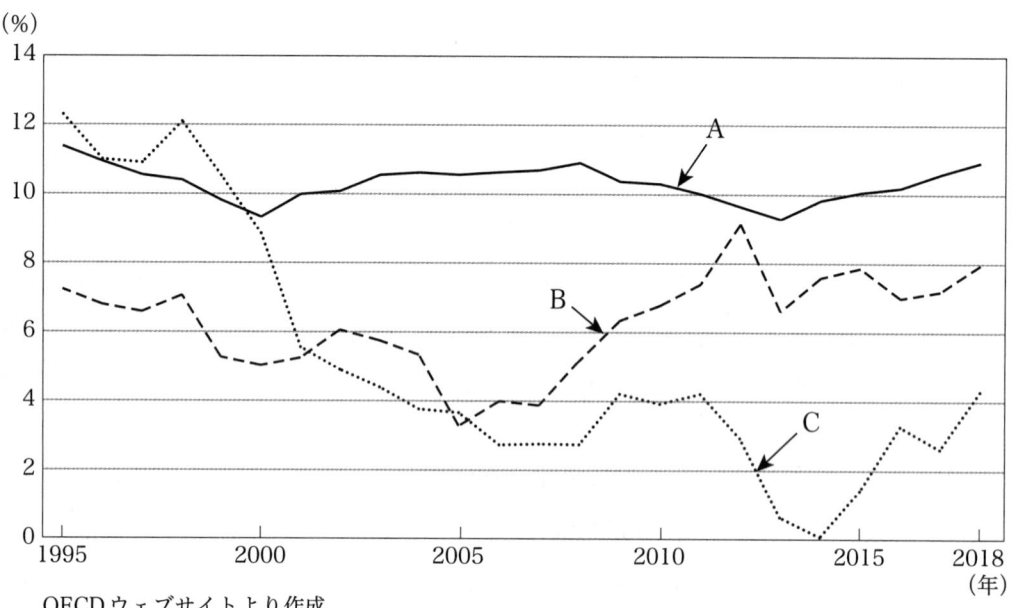

OECDウェブサイトより作成

	A	B	C
①	日本	ドイツ	アメリカ
②	日本	アメリカ	ドイツ
③	ドイツ	日本	アメリカ
④	ドイツ	アメリカ	日本

問8 次の文章中の空欄 a , b に当てはまる語の組み合わせとして最も適当なものを，下の①～④の中から一つ選びなさい。14

　国債の発行は政府の借金であり，将来の租税の先取りであるから， a に負担を残すという主張がある。この主張に対し，20世紀半ばに以下のような反論がなされた。

　「国債が発行された場合，その国債は基本的に，国内の誰かに購入される。国債を購入した人が支払ったお金は政府の支出に使われ，例えば，政府の公共事業を受け持った人々に賃金として支払われる。したがって，この時点では，お金は b で移動しただけである。

　一方，国民によって購入された国債は，国債保有者の資産になる。国債は，政府によってその保有者に償還されるまで，売買を通じてさまざまな人の手にわたり，また，遺産として a に残される。したがって，国債償還のときに徴収される税金は， b の国債所有者の手にわたる。この時点でもお金は b を移動しただけである。

　結局，国債の発行は， b における所得の移転をもたらすだけで， a からの租税の先取りではないのである。」

	a	b
①	同一の世代	将来の世代
②	同一の世代	過去の世代
③	将来の世代	同一の世代
④	将来の世代	過去の世代

問9 次のグラフは、1990年度から2021年度にかけての日本の主な国税の税収の推移を示したものである。グラフ中のA～Cに当てはまる税目の組み合わせとして最も適当なものを、下の①～④の中から一つ選びなさい。 15

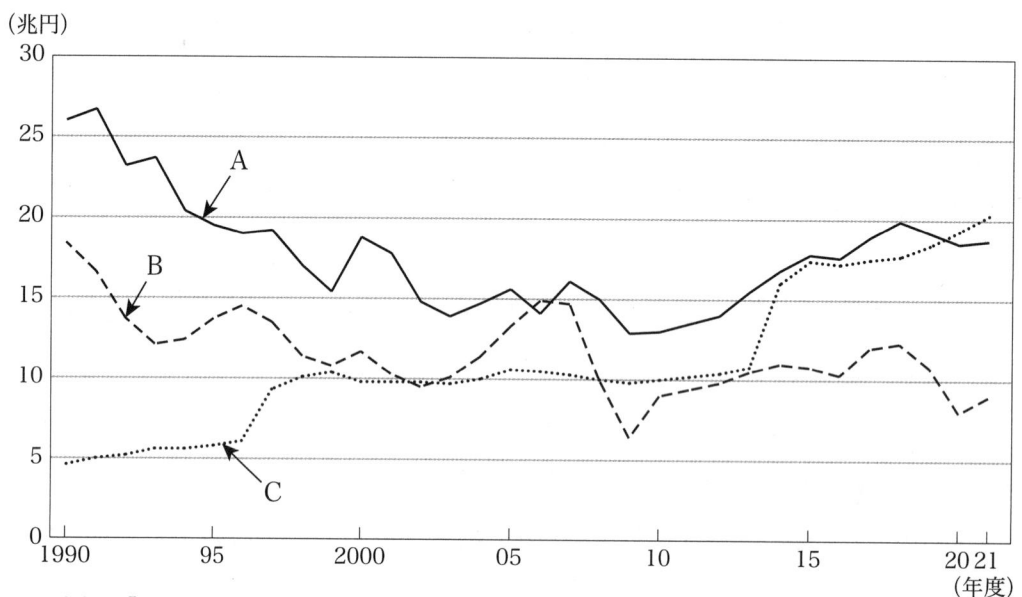

財務省『日本の財政関係資料（令和3年4月）』より作成
注） 2019年度以前は決算額、2020年度は補正後予算額、2021年度は予算額である。

	A	B	C
①	所得税	法人税	消費税
②	所得税	消費税	法人税
③	消費税	所得税	固定資産税
④	消費税	固定資産税	所得税

問10 日本銀行がおこなう金融政策の説明として最も適当なものを，次の①〜④の中から一つ選びなさい。16

① 日本銀行が政府の銀行として国債を直接引き受け，通貨を増発することを，量的緩和政策という。
② 日本銀行は，市中銀行が日本銀行に設けている当座預金の金利をマイナスにすることで，景気の引き締めを図る。
③ 物価が継続的に上昇した場合，日本銀行は預金準備率を引き下げて，市場に流通する資金量を減らす。
④ 物価が継続的に下落した場合，日本銀行は市中銀行から国債や手形を買い上げて市場に資金を供給し，政策金利の低下を促す。

問11 「国際収支の天井」の説明として最も適当なものを，次の①〜④の中から一つ選びなさい。17

① ある国の外貨準備が増加するほど，アメリカは外貨準備が減少して金融収支が赤字になること。
② ある国の第一次所得収支が大幅黒字になると，経常収支が世界的に不均衡になり，不況を招きやすくなること。
③ 好況期に輸入が増加して経常収支が赤字になり，赤字を減らすためにやむなく景気を引き締めなければならないこと。
④ 先進国の直接投資や証券投資の額の増減に，発展途上国の景気が左右されてしまうこと。

問12 円安が引き起こす事象の例として最も適当なものを，次の①～④の中から一つ選びなさい。 18

① 日本企業による外国企業の買収件数が増加する。
② 日本で働きたいと考える外国人が増加する。
③ 日本が輸入する天然資源の価格が上昇する。
④ 日本国内の物価が下落する。

問13 次の表は，第二次世界大戦終結後から1990年代までの主な世界経済の動きを示したものである。表に示した出来事とそれが起こった年の組み合わせとして**適当でないもの**を，次の表中の①～④の中から一つ選びなさい。 19

	出来事	年
①	GATT（関税及び貿易に関する一般協定）発足	1948
	COMECON（経済相互援助会議）発足	1949
	OECD（経済協力開発機構）発足	1961
	ニクソン・ショック（Nixon Shock）	1971
②	ウルグアイ・ラウンド（Uruguay Round）の開始	1973
	キングストン合意（Kingston Agreement）	1976
③	プラザ合意（Plaza Accord）	1985
	WTO（世界貿易機関）発足	1995
④	アジア（Asia）通貨危機	1997

問14 次の表は，2019年におけるODA（政府開発援助）の実績（贈与相当額ベース）上位10か国とその対GNI（国民総所得）比を示したものである。表中のA～Dに当てはまる国の組み合わせとして最も適当なものを，下の①～④の中から一つ選びなさい。

20

		ODA実績（億ドル）	対GNI比（％）
1位	A	334.9	0.15
2位	B	242.0	0.61
3位	イギリス	193.8	0.70
4位	C	155.9	0.29
5位	フランス	122.1	0.44
6位	トルコ	86.7	1.15
7位	オランダ	52.9	0.59
8位	D	52.1	0.96
9位	カナダ	47.3	0.27
10位	イタリア	43.7	0.22

OECDウェブサイトより作成

	A	B	C	D
①	日本	アメリカ	ドイツ	スウェーデン
②	日本	スウェーデン	アメリカ	ドイツ
③	アメリカ	ドイツ	日本	スウェーデン
④	アメリカ	日本	スウェーデン	ドイツ

注）トルコ（Turkey），オランダ（Netherlands），イタリア（Italy），スウェーデン（Sweden）

問15　東京を中心とした正距方位図法において，東京から見て真東の方向にある都市として最も適当なものを，次の①〜④の中から一つ選びなさい。　21

① ブエノスアイレス（Buenos Aires）
② リオデジャネイロ（Rio de Janeiro）
③ マドリード（Madrid）
④ サンフランシスコ（San Francisco）

問16　次の表は，Aさんがセネガル（Senegal）のダカール（Dakar）からフランスのパリ（Paris）を経由し，東京（成田）に向かった時の行程を示したものである。この行程における，乗り換え時間を除く総飛行時間として最も適当なものを，下の①〜④の中から一つ選びなさい。ただし，サマータイムは考慮しないものとする。また，グリニッジ標準時（GMT）との時差は，セネガルは±0時間，フランスは＋1時間，日本は＋9時間である。なお，表中の時刻表記はすべて現地時刻である。　22

月日	行程
11月17日	午後11時　ダカール発
11月18日	午前5時30分　パリ着
	午後1時　パリ発
11月19日	午前9時　東京（成田）着

① 10時間00分
② 17時間30分
③ 26時間30分
④ 34時間00分

問17 次の文章中の空欄 a , b に当てはまる語の組み合わせとして最も適当なものを，下の①～④の中から一つ選びなさい。 23

ドイツの気候学者ケッペン（Wladimir Peter Köppen）は， a が大きく変わる地域の気温と降水量を指標として世界の気候区分をおこない，熱帯，乾燥帯，温帯，亜寒帯（冷帯），寒帯の五つの気候帯に分けた。熱帯のうち，熱帯雨林気候の地域には，樹高の高い，多様な常緑広葉樹からなる熱帯雨林が分布しており，それら熱帯雨林は，アマゾン（Amazon）川流域では b と呼ばれている。

	a	b
①	人口	パンパ
②	人口	セルバ
③	植生	パンパ
④	植生	セルバ

注）パンパ（pampas），セルバ（selva）

問18 次の地図に描かれている線は、ある農作物の栽培限界を示している。その農作物として最も適当なものを、下の①〜④の中から一つ選びなさい。 24

① ぶどう
② オリーブ
③ 小麦
④ トウモロコシ

問19 次の表は，2020年における日本の鉄鉱石，石炭，銅鉱の輸入先上位5か国とその割合を示したものである。表中のA～Cに当てはまるものとして最も適当なものを，下の①～④の中から一つ選びなさい。 **25**

単位：％

	A		B		C	
1位	チリ	38.0	オーストラリア	52.2	オーストラリア	60.2
2位	オーストラリア	19.5	ブラジル	29.6	インドネシア	13.3
3位	ペルー	11.8	カナダ	7.2	ロシア	11.4
4位	カナダ	9.1	南アフリカ	3.6	カナダ	6.7
5位	インドネシア	5.9	インド	2.0	アメリカ	6.4

矢野恒太記念会編『日本国勢図会2021/22年版』より作成

注） チリ（Chile），オーストラリア（Australia），ペルー（Peru），インドネシア（Indonesia），ブラジル（Brazil），南アフリカ（South Africa），インド（India），ロシア（Russia）

	A	B	C
①	銅鉱	鉄鉱石	石炭
②	銅鉱	石炭	鉄鉱石
③	石炭	鉄鉱石	銅鉱
④	鉄鉱石	銅鉱	石炭

問20 6月によく見られる日本列島周辺の天気図として最も適当なものを，次の①〜④の中から一つ選びなさい。 26

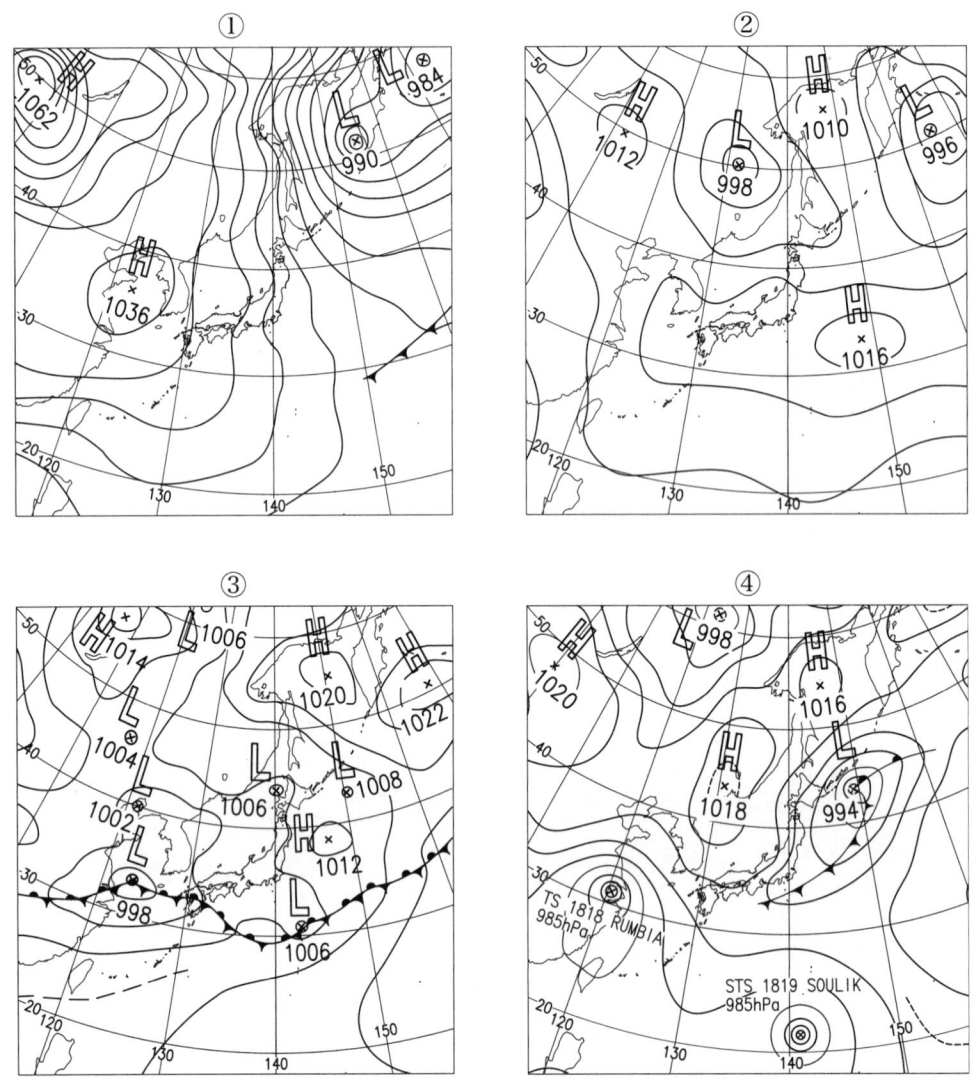

気象庁ウェブサイトより作成

問21 ハンガリーで最も多くの人々が使う言語が属する語族または諸語として最も適当なものを，次の①〜④の中から一つ選びなさい。　27

① インド・ヨーロッパ語族（Indo=European languages）

② ウラル語族（Uralic languages）

③ アルタイ諸語（Altaic languages）

④ アフロ・アジア語族（Afroasiatic languages）

問22 ドイツの社会学者マックス・ウェーバー（Max Weber）による支配の正統性（正当性）の分類とその説明の組み合わせとして最も適当なものを，次の①〜④の中から一つ選びなさい。　28

	分類	説明
①	伝統的支配	適正に制定された法の合法性への信頼に基づく支配。
②	カリスマ的支配	超人間的な資質や能力に対する熱狂的な支持に基づく支配。
③	教権的支配	ローマ・カトリック教会または教皇の権威に基づく支配。
④	合法的支配	支配者の血筋や，伝統となった慣習などの権威に基づく支配。

注） カリスマ（charisma）

問23 天皇に関する日本国憲法の規定の説明として最も適当なものを，次の①〜④の中から一つ選びなさい。　29

① 国民と天皇がともに主権を有することは，国民の総意に基づく。

② 天皇は国政に関する権能を持たないため，国会に臨席することはできない。

③ 内閣は，行政権の行使について，天皇に対し連帯して責任を負う。

④ 国会の召集などの天皇の国事行為に対して，内閣は助言と承認をおこなう。

問24 日本国憲法の改正に関する記述として最も適当なものを，次の①〜④の中から一つ選びなさい。　30

① 国会が憲法改正の発議をするには，各議院の総議員の過半数の賛成が必要である。
② 憲法改正の承認には，国民投票において，その過半数の賛成が必要とされている。
③ 憲法改正原案を提出できる機関は内閣であることが憲法に定められている。
④ 日本国憲法の改正により，プライバシー権の尊重が定められた。

問25 次の文中の空欄 a ， b に当てはまる語の組み合わせとして最も適当なものを，下の①〜④の中から一つ選びなさい。　31

日本では， a が条約の締結権を持つが，条約を批准するためには，事前あるいは事後の b の承認を必要とする。

	a	b
①	国会	内閣
②	国会	最高裁判所
③	内閣	国会
④	内閣	最高裁判所

問26 日本の地方自治に関する記述として最も適当なものを，次の①～④の中から一つ選びなさい。 32

① 議会は首長に対して不信任決議をおこなうことができ，その場合，首長は議会を解散することができる。

② 地方自治法で保障された住民による直接請求の対象には，議会の解散請求は含まれるが，首長の解職請求は含まれない。

③ 地方公共団体の首長は，当該地方公共団体の議会の議決により，議会議員の中から選ばれる。

④ 地方公共団体の歳入は従来から自主財源の割合が高かったため，2000年代に入ると，国は地方交付税交付金を増額して依存財源の割合を高めようとした。

問27 次の文章中の空欄 a ～ c に当てはまる語の組み合わせとして最も適当なものを，下の①～④の中から一つ選びなさい。 33

主権国家からなる現在の国際社会が形成された起源は，1618年に始まった a を終了させるために1648年に締結された， b 条約にあると考えられている。オランダの法学者 c は， a で繰り広げられた戦いの悲惨さを見て，主権国家相互の関係を規律する法規範の必要性を痛感し，国際法を最初に体系づけた。

	a	b	c
①	三十年戦争	ウェストファリア	グロティウス
②	三十年戦争	サン・ステファノ	カント
③	ナポレオン戦争	ウェストファリア	カント
④	ナポレオン戦争	サン・ステファノ	グロティウス

注）三十年戦争（Thirty Years' War），ナポレオン戦争（Napoleonic Wars），ウェストファリア（Westphalia），サン・ステファノ（San Stefano），グロティウス（Hugo Grotius），カント（Immanuel Kant）

問28　ドイツの産業革命に関する記述として最も適当なものを，次の①〜④の中から一つ選びなさい。　34

① 工業製品の生産ではイギリスに及ばないことが明白であったため，貿易や植民地との決済を中心として金融業が発展した。

② 1860年代に農奴解放令を公布した後，フランスの資本を導入し，国家主導型の工業化を推し進めた。

③ 1860年代に発足した政府が殖産興業の方針に基づき外国の技術を積極的に導入し，1880年代に軽工業で工業化を推進した。

④ 1830年代の関税同盟や鉄道建設を契機に統一市場の形成や工業化が進み，19世紀後半には重化学工業が発展した。

問29　19世紀から20世紀にかけての太平洋地域の情勢に関する記述として最も適当なものを，次の①〜④の中から一つ選びなさい。　35

① オーストラリアでは，19世紀半ばに金鉱が発見されると，移民が急増して開発が進んだが，後に白豪主義により白人以外の移民を厳しく制限する政策が採られた。

② ニュージーランド（New Zealand）はイギリスの植民地であったが，1890年代に自治領になり，それと同時に男女普通選挙制を導入した。

③ ニューギニア島（New Guinea）は，およそ東経140度線を境に，東部はイギリス，西部はフランスにそれぞれ分割された。

④ 米西戦争（Spanish-American War）の勝利により，アメリカはグアム（Guam）やハワイ（Hawaii）をスペイン（Spain）から獲得した。

問30 第一次世界大戦期の日本に関する記述として最も適当なものを，次の①～④の中から一つ選びなさい。　36

① 共産主義を取り締まるため，治安維持法が制定された。
② 厳しい経済の統制と税負担の重さに反発して，日比谷焼き打ち事件が発生した。
③ 貿易は，大戦前の輸入超過から一転して，輸出超過となった。
④ ロシア国内の混乱に乗じて，南樺太（South Sakhalin）を占領した。

問31 1945年のヤルタ会談（Yalta Conference）に関する記述として最も適当なものを，次の①～④の中から一つ選びなさい。　37

① アメリカとソ連（USSR）の首脳による二国間の会談である。
② 連合国の軍隊をフランス北部に上陸させるための作戦が立てられた。
③ スペインの内戦について，反政府軍を支援することが決められた。
④ 秘密協定において，ドイツ降伏後3か月以内のソ連の対日参戦が決められた。

問32 第二次世界大戦後のアフリカ（Africa）における次の出来事A～Dを年代順に並べたものとして正しいものを，下の①～④の中から一つ選びなさい。 38

A アルジェリア戦争（Algerian War）の勃発
B アフリカ連合（AU）の発足
C エジプト・イスラエル平和条約（Egypt–Israel peace treaty）の調印
D 南アフリカにおけるアパルトヘイト政策の廃止

① A→C→D→B
② B→A→C→D
③ C→D→B→A
④ D→B→A→C

모의고사

제9회

問1　次の文章を読み，下の問い(1)〜(4)に答えなさい。

　人間は，古くから水を利用してきた。エジプト（Egypt）文明の誕生に，₁ナイル川（Nile）の水が深く関わったことは，よく知られている。ローマ帝国（Roman Empire）は，卓越した技術で領内各地に水道を造営した。また，18世紀の産業革命期には，水は　a　を動かすエネルギー源として大規模に利用された。

　20世紀以降，人口の増加や産業構造の変化に伴い，世界における水の使用量は増大し続けている。元₂世界銀行副総裁のセラゲルディン（Ismail Serageldin）氏が「20世紀は石油紛争の時代だったが，21世紀は水紛争の時代になる」と述べたように，21世紀の世界では水資源の確保が重要な課題となっており，₃国際連合（UN）で採択されたSDGs（持続可能な開発目標）でも目標の一つに「安全な水とトイレを世界中に」を掲げている。

(1) 下線部1に関して，ナイル川流域にある国として**適当でないもの**を，次の①〜④の中から一つ選びなさい。　　1

①　ウガンダ（Uganda）
②　リビア（Libya）
③　スーダン（Sudan）
④　エチオピア（Ethiopia）

(2) 文章中の空欄　a　に当てはまる語として最も適当なものを，次の①〜④の中から一つ選びなさい。　　2

①　水素エンジン
②　製鉄所の高炉
③　発電機
④　蒸気機関

⑶ 下線部2に関して，IBRD（国際復興開発銀行）に関する記述として最も適当なものを，次の①〜④の中から一つ選びなさい。　3

① 発展途上国の開発のために長期の融資をおこなうことを主な任務とする。
② 多角的貿易交渉を通じて，自由貿易体制の強化を図る機関である。
③ 貧困や飢餓などの問題に対処するため，「人間の安全保障」という概念を提唱した。
④ 経常収支の赤字国に対する融資を目的の一つとする。

⑷ 下線部3に関して，「平和のための結集」決議をおこない，国際の平和及び安全のために必要な措置を勧告できる国際連合の機関として最も適当なものを，次の①〜④の中から一つ選びなさい。　4

① 総会
② 安全保障理事会
③ 国際司法裁判所
④ 事務局

問2 次の文章を読み，下の問い(1)～(4)に答えなさい。

₁ロシア（Russia）は，その国土が東西11,000kmにも及び，世界最大の面積を有する。その東西をつなぐ₂シベリア鉄道（Trans-Siberian Railroad）はモスクワ（Moscow）からウラジオストク（Vladivostok）まで9,297kmの距離を約7日間かけて走行する。ロシアの地形を見ると，西部が低地，東部は高原と山脈からなっている。西部の低地は，　a　の　b　山脈によって二分されている。

₃ロシア経済は，その広大な国土に埋蔵されている石油や天然ガスといった豊富な資源への依存度を高めており，資源の輸出で得た外貨で工業製品を輸入するという貿易構造の改善が課題とされる。

(1) 下線部1に関して，ロシアの政治体制は，国民の直接選挙で選ばれた大統領に強大な権力を与えているが，これを制限する目的で，議院内閣制の要素も取り入れている。このような制度を何というか。最も適当なものを，次の①～④の中から一つ選びなさい。　5

① 開発独裁体制
② 寡頭制
③ 連邦制
④ 半大統領制

188

(2) 下線部 2 に関して，シベリア鉄道の建設にはフランス（France）の資本が主に用いられた。フランスの位置として最も適当なものを，次の地図中の①〜④の中から一つ選びなさい。 6

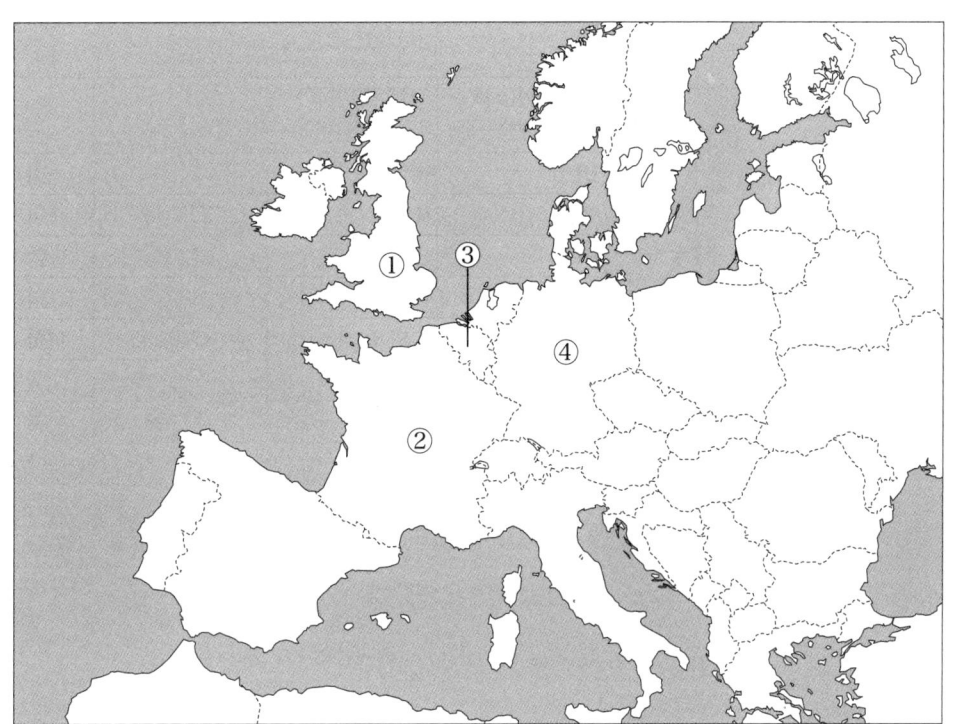

(3) 文章中の空欄 a ， b に当てはまる語の組み合わせとして最も適当なものを，次の①〜④の中から一つ選びなさい。 7

	a	b
①	新期造山帯	グレートディバイディング
②	新期造山帯	ウラル
③	古期造山帯	グレートディバイディング
④	古期造山帯	ウラル

注）グレートディバイディング（Great Dividing），ウラル（Ural）

(4) 下線部 3 に関して，1980年代後半，ソ連（USSR）ではゴルバチョフ（Mikhail Gorbachev）が経済の活性化を目指して改革を進めた。ゴルバチョフに関する記述として最も適当なものを，次の①〜④の中から一つ選びなさい。 8

① 複数政党制を導入するとともに，ソ連共産党を解散させた。
② 核抑止論の有効性を主張し，中距離核戦力（INF）全廃条約を廃棄した。
③ 「新思考外交」によって，西側諸国との協調を進めた。
④ ペレストロイカ（perestroika）を掲げ，計画経済を導入した。

問 3 バターの日本国内への供給が減少しているため，政府が，現在よりも低い額を価格の上限とすることでバターの価格の上昇を防ぐ政策を導入したとするとき，この政策の効果に関する記述として最も適当なものを，次の①〜④の中から一つ選びなさい。 9

① バターの代替財であるマーガリンの供給が増加する。
② バターを供給する企業のカルテルを促進する。
③ 消費者のバターへの需要が増加する。
④ バターの供給が増加し，バターの価格が上昇する。

問4 次の図は，家計，企業，政府という三つの経済主体で構成される経済循環を示したものである。aとbには家計または企業のいずれかが入る。図中の空欄a〜dに当てはまる語の組み合わせとして最も適当なものを，下の①〜④の中から一つ選びなさい。 10

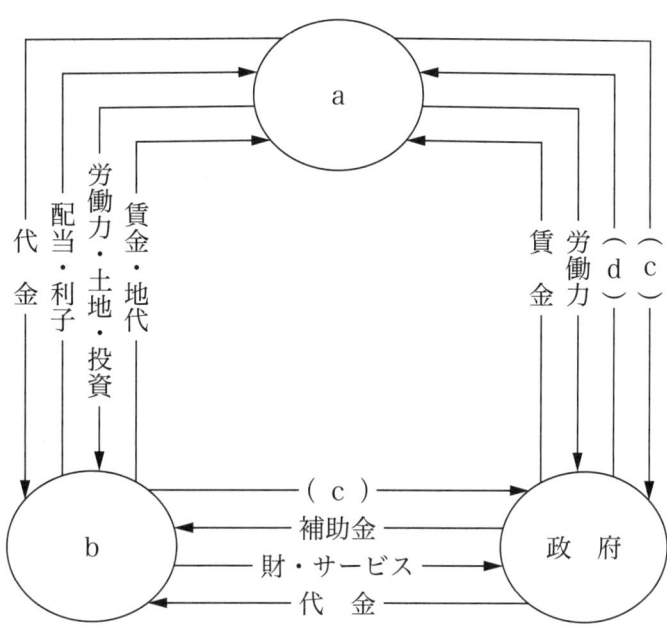

	a	b	c	d
①	家計	企業	社会保障給付	租税
②	家計	企業	租税	社会保障給付
③	企業	家計	社会保障給付	租税
④	企業	家計	租税	社会保障給付

問5 次の表は，日本，中国 (China)，アメリカ，ドイツ (Germany) の二酸化炭素 (CO_2) 排出量の状況を示したものである。表中のA〜Dに当てはまる国の組み合わせとして最も適当なものを，下の①〜④の中から一つ選びなさい。 11

	1990年と2019年の増減率（％）	一人当たりの排出量（t-CO_2）（2019年）
A	369.6	6.84
B	−0.8	14.49
C	1.2	8.48
D	−29.9	7.93

IEA "CO_2 Emissions from Fuel Combustion Highlights" より作成

注）排出量とは，燃料燃焼による二酸化炭素排出量のこと。
1990年と2019年の増減率とは，1990年の排出量と2019年の排出量を比較したときの増減の割合である。
中国の一人当たりの排出量は2018年の値である。

	A	B	C	D
①	中国	アメリカ	日本	ドイツ
②	中国	ドイツ	アメリカ	日本
③	アメリカ	ドイツ	日本	中国
④	アメリカ	日本	ドイツ	中国

問6 経済学者とその著書の組み合わせとして最も適当なものを，次の①〜④の中から一つ選びなさい。 12

	経済学者	著書名
①	アダム・スミス	『外国貿易によるイングランドの財宝』
②	リカード	『経済学および課税の原理』
③	ケインズ	『経済発展の理論』
④	マルサス	『雇用・利子および貨幣の一般理論』

注）アダム・スミス（Adam Smith），リカード（David Ricardo），ケインズ（John Maynard Keynes），マルサス（Thomas Robert Malthus）

問7 次の文章中の空欄 a ， b に当てはまる語の組み合わせとして最も適当なものを，下の①〜④の中から一つ選びなさい。 13

A国の名目GDP（国内総生産）はX年度が450兆円，Y年度が480兆円であった。円とドルの為替レートがX年度の平均で1ドル＝100円，Y年度の平均で1ドル＝120円であった場合，Y年度はX年度と比べて a になったと言える。この為替レートを用いてA国の名目GDPをドルに換算すると，Y年度の名目GDPはX年度と比べて5000億ドル b したことになる。

	a	b
①	円安ドル高	増加
②	円安ドル高	減少
③	円高ドル安	増加
④	円高ドル安	減少

問8 日本では，プラザ合意（Plaza Accord）後の経済情勢に対応するため，日本銀行が大幅な金融緩和をおこなった。中央銀行が金融緩和をおこなうと，その国の経済にどのような影響を及ぼすか。最も適当なものを，次の①～④の中から一つ選びなさい。

14

① 自国通貨高が進行し，輸出が減少する。
② 物価が上昇し，企業の利潤が増加する。
③ 資金が国債の購入に集中し，企業は社債の発行による資金調達がしにくくなる。
④ 金融機関の貸出金利が低下し，消費や設備投資が増加する。

問9 次の表は，日本の2021年度の政府予算案（一般会計）を示したものである。この年度のプライマリーバランス（primary balance）の値として最も適当なものを，下の①～④の中から一つ選びなさい。ただし，歳入と歳出の項目の数値は四捨五入をしているため，実際の額とは完全には一致しない。

15

歳入		歳出	
租税収入等	63.0兆円	政策的経費	82.8兆円
公債金	43.6兆円	国債費	23.8兆円

矢野恒太記念会編『日本国勢図会2021/22年版』より作成

① 19.4兆円の黒字
② 19.8兆円の赤字
③ 59.0兆円の赤字
④ プライマリーバランスは均衡している

問10 第二次世界大戦後の日本経済の復興に関する記述として最も適当なものを，次の①～④の中から一つ選びなさい。　16

① 石炭や鉄鋼などの基幹産業に資金と原材料を集中的に投入する，傾斜生産方式が採用された。
② 復興金融金庫が発行する債券を日本銀行が引き受けたため，激しいデフレーションが進行した。
③ シャウプ勧告（Report on Japanese taxation by the Shoup Mission）では，間接税中心の税体系が提唱された。
④ 朝鮮戦争（Korean War）が始まると，日本に駐留していたアメリカ軍が派兵されたために消費が落ち込み，日本は不況になった。

問11 日本の労働基準法の説明として最も適当なものを，次の①～④の中から一つ選びなさい。　17

① 地域ごとの最低賃金を定めている。
② 18歳未満の就労の禁止を定めている。
③ 1週間の法定労働時間を40時間と定めている。
④ 労働組合への加入を理由とする労働者の解雇の禁止を定めている。

問12 2000年代にEU（欧州連合）に加盟した国として最も適当なものを，次の①～④の中から一つ選びなさい。　18

① ギリシャ（Greece）

② スウェーデン（Sweden）

③ スイス（Switzerland）

④ ルーマニア（Romania）

問13 次の表は，アメリカ，イギリス（UK），中国，ベトナム（Viet Nam）の購買力平価に基づく一人当たりGDPの推移を示したものである。イギリスに当てはまるものを，次の①～④の中から一つ選びなさい。　19

単位：2017年国際ドル

	1990年	2000年	2010年	2020年
①	1,424	3,452	8,884	16,411
②	30,465	38,281	42,089	41,627
③	1,673	2,955	5,089	8,200
④	40,411	50,125	54,316	60,236

World Bankウェブサイトより作成

問14 イギリスのロンドン（London）からニュージーランド（New Zealand）のウェリントン（Wellington）までを最短距離で移動した場合のおよその距離として最も適当なものを，次の①～④の中から一つ選びなさい。 20

① 10,000km
② 20,000km
③ 30,000km
④ 40,000km

問15 時刻に関する記述として最も適当なものを，次の①～④の中から一つ選びなさい。 21

① 日本は日付変更線に近いので，世界で最も早く日付が変わる国である。
② アメリカは，複数の標準時を用いている。
③ イギリスとフランスの標準時子午線は，同一である。
④ UTC（協定世界時）を世界の基準の時刻とする計画が，国際連合で進んでいる。

問16 ケッペン（Wladimir Peter Köppen）の気候区分における温暖湿潤気候（Cfa）に関する記述として最も適当なものを，次の①～④の中から一つ選びなさい。 22

① 夏に乾燥するため，耐乾性の強い植物が育ちやすい。
② 温暖湿潤気候に属する地域は，蒸発量が降水量を上回っている。
③ 主に高緯度の大陸西岸に見られる。
④ 気温の年較差は，西岸海洋性気候（Cfb）よりも大きい。

問17 次のオーストラリア（Australia）の地図に示された地域A，地域Bで主に産出される鉱産資源の組み合わせとして最も適当なものを，下の①〜④の中から一つ選びなさい。 23

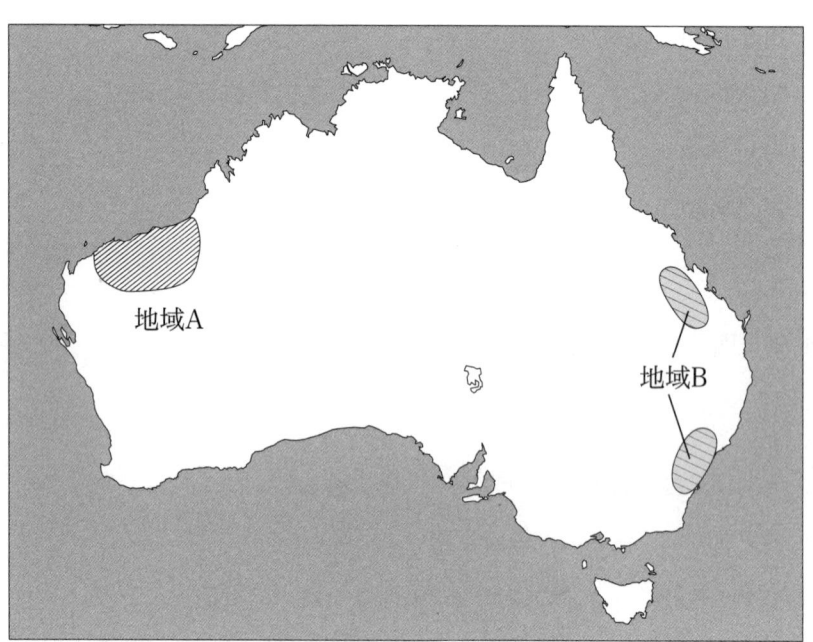

	地域A	地域B
①	天然ガス	銅
②	金	ボーキサイト
③	鉄鉱石	石炭
④	原油	ウラン

問18 次の文章中の空欄 a ～ c に当てはまる語の組み合わせとして最も適当なものを，下の①～④の中から一つ選びなさい。24

河川で運搬されてきた砂や近くの海岸で侵食された礫(れき)は，砂浜海岸のあたりを流れる沿岸流に運ばれて海岸に堆積する。そのために，砂浜や砂州，さらに，鳥のくちばしのように突き出た a が海岸に形成される。また，砂州がさらに成長すると，陸地と島がつながって b ができることもある。 b で陸地とつながった島のことを， c という。

	a	b	c
①	砂嘴(さし)	トンボロ	陸繋島(りくけいとう)
②	砂嘴	ラグーン	エスチュアリー
③	干潟(ひがた)	トンボロ	エスチュアリー
④	干潟	ラグーン	陸繋島

注）トンボロ (tombolo)，ラグーン (lagoon)，エスチュアリー (estuary)

問19 次のグラフは，日本，スウェーデン，シンガポール（Singapore），コートジボワール（Cote d'Ivoire）の合計特殊出生率の推移を示したものである。グラフ中のA～Dに当てはまる国の組み合わせとして最も適当なものを，下の①～④の中から一つ選びなさい。 25

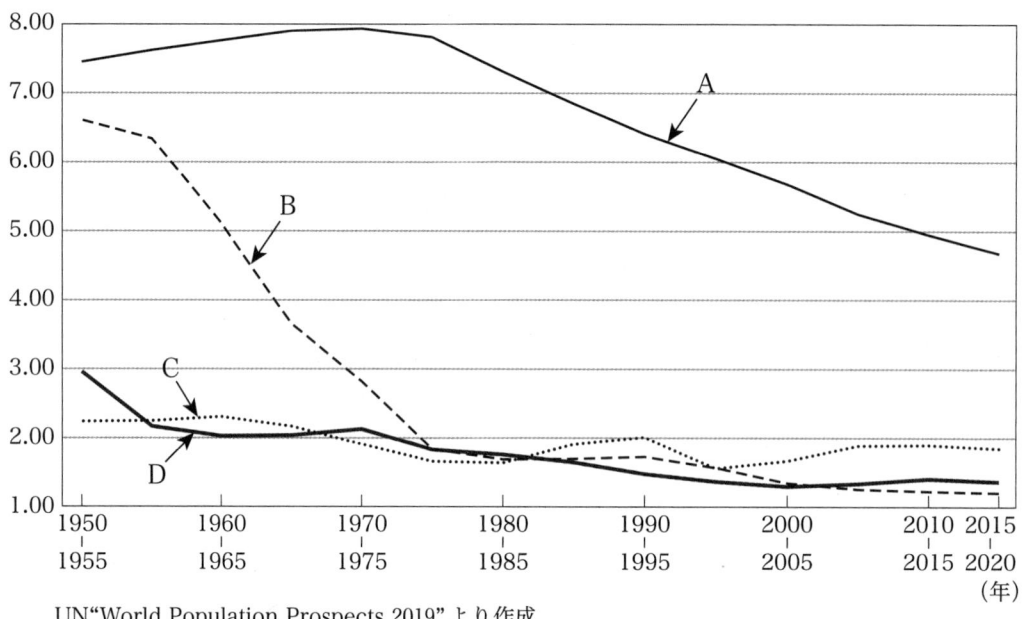

UN "World Population Prospects 2019" より作成

	A	B	C	D
①	シンガポール	コートジボワール	スウェーデン	日本
②	シンガポール	日本	コートジボワール	スウェーデン
③	コートジボワール	シンガポール	スウェーデン	日本
④	スウェーデン	コートジボワール	日本	シンガポール

問20 次の表は，2020年におけるウクライナ(Ukraine)，チリ(Chile)，アイルランド(Ireland)の輸出相手国の上位5か国と，その構成比を示したものである。表中のA～Cに当てはまる国の組み合わせとして最も適当なものを，下の①～④の中から一つ選びなさい。

26

単位：%

A		B		C	
中国	14.5	中国	38.9	アメリカ	30.3
ポーランド	6.7	アメリカ	13.2	ベルギー	11.3
ロシア	5.5	日本	8.7	ドイツ	11.1
トルコ	4.9	韓国	5.6	イギリス	9.2
ドイツ	4.2	ブラジル	4.2	中国	6.5

IMF "Direction of Trade Statistics" より作成

注）ポーランド (Poland)，トルコ (Turkey)，韓国 (South Korea)，ブラジル (Brazil)，ベルギー (Belgium)

	A	B	C
①	アイルランド	チリ	ウクライナ
②	チリ	ウクライナ	アイルランド
③	ウクライナ	アイルランド	チリ
④	ウクライナ	チリ	アイルランド

問21 宗教と，その宗教の信者が多数を占める国の組み合わせとして最も適当なものを，次の①〜④の中から一つ選びなさい。 27

	宗教	信者が多数を占める国
①	カトリック	イギリス
②	プロテスタント	アルゼンチン
③	イスラム教	トルコ
④	仏教	インド

注）アルゼンチン（Argentina），インド（India）

問22 主権に関する記述として最も適当なものを，次の①〜④の中から一つ選びなさい。 28

① 領海だけでなく，接続水域や排他的経済水域にも沿岸国の主権が及ぶ。

② モンテスキュー（Charles de Montesquieu）は，主権の概念を提唱した。

③ 主権は，国の政治のあり方を最終的に決定する最高権力という意味を持つ。

④ 大日本帝国憲法における主権者は，国民であった。

問23 日本と難民の関わりに関する記述として最も適当なものを，次の①〜④の中から一つ選びなさい。　29

① 難民と認定された者はすべて，日本国籍を取得しなければならない。
② 他の先進国と比べて，日本の難民の認定数は極めて少ないという指摘がある。
③ 日本は，難民条約（Convention Relating to the Status of Refugees）を批准していない。
④ 日本は，主に南アメリカ（South America）からの難民を受け入れている。

問24 日本国憲法は議会制民主主義を基本としている一方で，直接民主制の仕組みを補完的に採用している。日本国憲法で採用された直接民主制の仕組みの例として最も適当なものを，次の①〜④の中から一つ選びなさい。　30

① 最高裁判所の裁判官に対する国民審査
② 内閣総理大臣に対するリコール
③ 行政委員会の委員長の指名
④ 地方公共団体の合併の是非を問う住民投票

問25 日本国憲法に定められた国民の義務として**適当でないもの**を，次の①～④の中から一つ選びなさい。　31

① 納税の義務
② 勤労の義務
③ 憲法を尊重し擁護する義務
④ 保護する子女に普通教育を受けさせる義務

問26 日本における司法権に関する記述として最も適当なものを，次の①～④の中から一つ選びなさい。　32

① 最高裁判所は，弾劾裁判所を設置して国会議員を罷免することができる。
② 刑事裁判の対審は，常に公開の法廷でおこなわれなければならない。
③ 内閣は，最高裁判所が提出する名簿に基づいて下級裁判所の裁判官を任命する。
④ 内閣は，行政事件を審議するため，特別裁判所を設置することができる。

問27 圧力団体の説明として最も適当なものを，次の①〜④の中から一つ選びなさい。 33

① 民主主義の空洞化を防ぐため，政治に無関心な人に投票を呼びかける団体である。
② 特殊利益の実現を目指し，議会や政府に働きかけをおこなう団体である。
③ 政治的な主義や主張の近い人々が集まり，政権獲得を目指す団体である。
④ 族議員と呼ばれる与党の国会議員で構成される団体である。

問28 ドイツ帝国（German Empire）の宰相ビスマルク（Otto von Bismarck）に関する記述として最も適当なものを，次の①〜④の中から一つ選びなさい。 34

① 経済学者リスト（Friedrich List）の主張を受け入れ，関税の引き下げや輸入制限の撤廃などの措置を採り，自由貿易を推進した。
② 疾病保険法などにより社会保険制度を整備した一方で，社会主義者鎮圧法を制定して労働運動を取り締まった。
③ 映画やジャズなどのアメリカの大衆文化がドイツに流入すると，文化闘争を起こして自国文化の擁護を図った。
④ フランスの孤立化を図る外交を展開したため，ド・ゴール（Charles de Gaulle）の呼びかけによりドイツ国内でレジスタンスが起こった。

問29 ヨーロッパ（Europe）列強がアフリカ（Africa）分割を進める中，20世紀初頭の時点で独立を維持していた国の組み合わせとして最も適当なものを，次の①～④の中から一つ選びなさい。　35

① エチオピアとリベリア（Liberia）

② 南アフリカ（South Africa）とスーダン

③ アルジェリア（Algeria）とソマリア（Somalia）

④ エジプトとモロッコ（Morocco）

問30 次の文章中の空欄　a　，　b　に当てはまる語の組み合わせとして最も適当なものを，下の①～④の中から一つ選びなさい。　36

ニューヨーク（New York）の株式市場暴落に始まる世界恐慌（Great Depression）は，1930年になると日本経済に大きな影響を及ぼした。アメリカを主要市場としていた　a　は輸出不振に陥り，　b　も後進諸国の購買力の減退やインドの関税引き上げなどにより大幅な価格下落に見舞われた。

	a	b
①	船舶	綿糸
②	船舶	鉄鋼
③	生糸	綿糸
④	生糸	鉄鋼

問31 パレスチナ（Palestine）問題に関する記述として最も適当なものを，次の①～④の中から一つ選びなさい。　37

① イギリスはバルフォア宣言（Balfour Declaration）を発して，パレスチナにおけるユダヤ人（Jewish people）のナショナル・ホーム（民族的郷土）建設を約束した。

② 連合国はポツダム会談（Potsdam Conference）において，パレスチナにユダヤ人国家を建国しようとするシオニズム（Zionism）を批判した。

③ アラブ（Arab）諸国とイスラエル（Israel）の間では四度にわたり戦争が起こったが，そのすべてでアラブ諸国が勝利した。

④ 1990年代にパレスチナ自治政府が独立を宣言すると，それに反対するイスラエルは軍事介入し，民族浄化と称して虐殺や暴行をおこなった。

問32 発展途上国の動向に関する次の出来事A～Dを年代順に並べたものとして正しいものを，下の①～④の中から一つ選びなさい。　38

A　アジア（Asia）通貨危機の発生
B　国連資源特別総会における新国際経済秩序（NIEO）樹立宣言の採択
C　OPEC（石油輸出国機構）の設立
D　UNCTAD（国連貿易開発会議）の設立

① A→C→D→B
② B→A→C→D
③ C→D→B→A
④ D→B→A→C

모의고사

제 10 회

問1　次の会話を読み，下の問い(1)～(4)に答えなさい。

　　　生　徒：ILO（国際労働機関）について教えてください。
　　　先　生：ILOは₁ヴェルサイユ条約（Treaty of Versailles）によって1919年に設立されました。₂労働者の権利の保障や労働条件の改善を主な目的としています。
　　　生　徒：₃国際連合（UN）よりも早く設立されたのですね。
　　　先　生：そうですね。また，ILOは国際連合の最初の専門機関となっています。
　　　生　徒：本部はどこに置かれていますか？
　　　先　生：スイス（Switzerland）の₄ジュネーブ（Geneva）です。
　　　生　徒：分かりました。ありがとうございます。

(1) 下線部1に関して，ヴェルサイユ条約に関する記述として最も適当なものを，次の①～④の中から一つ選びなさい。　　　1

　① 国際平和の維持のために勢力均衡の原理を採用した，国際連盟（League of Nations）の設置が定められた。
　② アメリカ（USA）のウィルソン（Woodrow Wilson）大統領は「勝利なき平和」を唱えたが，ドイツ（Germany）はすべての植民地を失い，巨額の賠償金の支払いを課せられた。
　③ ヨーロッパ（Europe）の経済再建を進めるため，EFTA（欧州自由貿易連合）の発足が盛り込まれた。
　④ 締約国は国際紛争を解決する手段として戦争に訴えないことを宣言する，不戦条約（Kellogg-Briand Pact）が同時に調印された。

(2) 下線部 2 に関して，次の表は，2019年における日本，アメリカ，スウェーデン（Sweden），パキスタン（Pakistan）の女性の労働力率を示したものである。日本に当てはまるものを，下の①～④の中から一つ選びなさい。 2

単位：％

	女性の労働力率
A	21.9
B	53.3
C	56.1
D	61.4

国立社会保障・人口問題研究所「人口統計資料集2021」より作成

① A
② B
③ C
④ D

(3) 下線部 3 に関して，国際連合に関する記述として最も適当なものを，次の①～④の中から一つ選びなさい。 3

① 国際連合は，原則として，安全保障理事会の決議を経れば，関係国からの同意を得なくとも PKO（平和維持活動）を派遣することができる。
② 国際連合は，「法の支配」の実効性を確保するため，国際法の立法と執行を統一的に担う機関である。
③ 国際連合の主要機関は，総会，安全保障理事会，経済社会理事会，信託統治理事会，国際司法裁判所，事務局である。
④ 日本は国際連合加盟の翌年，外交三原則として「国際連合中心」，「自由主義諸国との協調」，「非武装中立」を示した。

(4) 下線部 4 に関して，ジュネーブの位置として最も適当なものを，次の地図中の①〜④の中から一つ選びなさい。　4

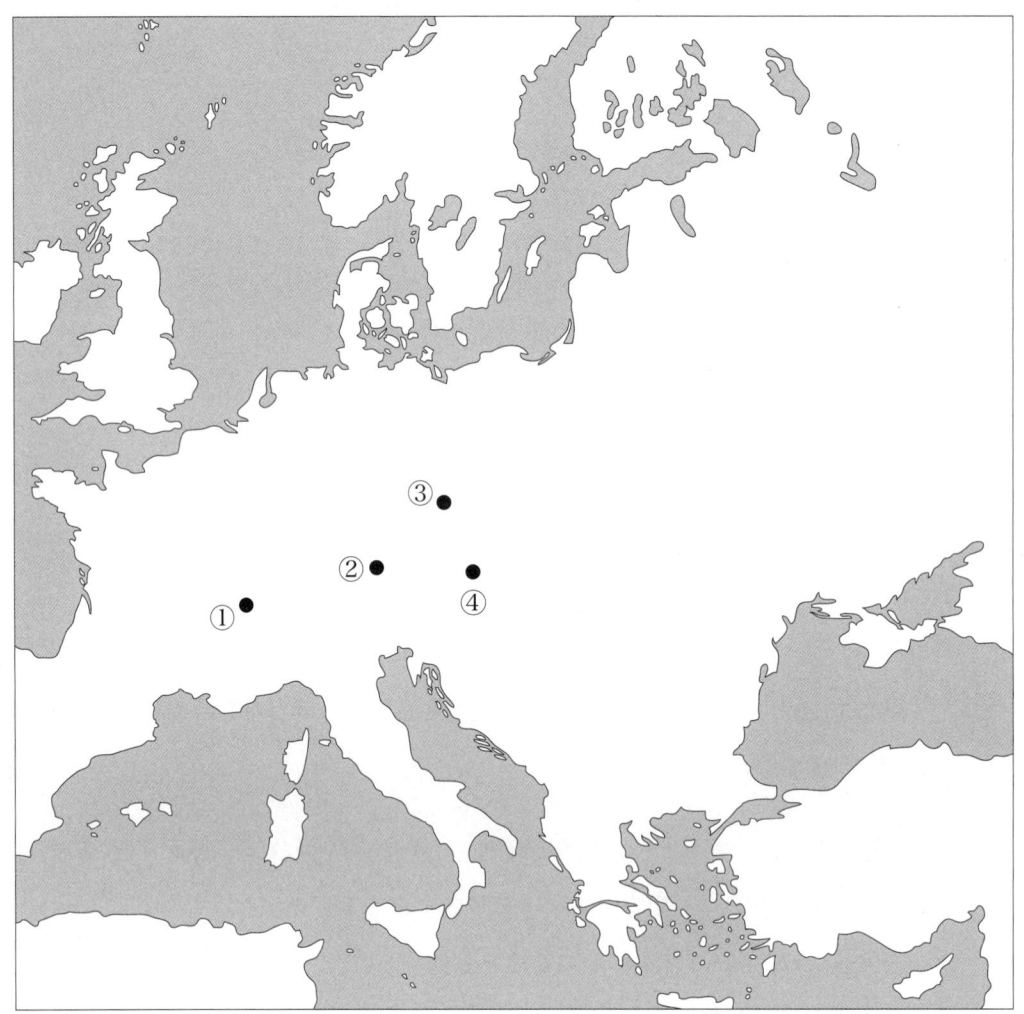

問2 次の文章を読み，下の問い(1)～(4)に答えなさい。

　メキシコ (Mexico) は，1821年に独立を達成した後，₁19世紀後半からディアス (Porfirio Díaz) 大統領による独裁体制が敷かれた。これに対し，1910年に革命が起こり，1917年には民主的な₂憲法が制定されたが，憲法制定後も内乱が続き，政情は安定しなかった。

　第二次世界大戦後のメキシコは，豊富な₃エネルギー・鉱産資源を輸出する経済体制から，輸入に依存してきた消費財などを国内で生産する輸入代替型工業への転換を進めた。さらに，工業製品輸出の振興も進めた結果，メキシコは「メキシコの奇跡」と呼ばれる高度経済成長を達成した。しかし，メキシコの経済成長は外国資本に大きく依存していたために，1980年代から₄1990年代にかけて深刻な累積債務問題が生じた。

(1) 下線部1に関して，次の文章中の空欄 a ， b に当てはまる語の組み合わせとして最も適当なものを，下の①～④の中から一つ選びなさい。　5

　メキシコは，1846年から1848年にかけてのアメリカとの戦争に敗北して，国土の半分を失った。その後，国内で内乱が始まると，フランス (France) 皇帝 a は，アメリカで起こっていた b のさなか，対外債務返済停止を口実として，1861年にイギリス (UK)，スペイン (Spain) とともに出兵した。 a は両国の撤兵後も干渉を続けたが，メキシコ側の抵抗にあい敗退した。

	a	b
①	ルイ16世	フレンチ・インディアン戦争
②	ルイ16世	南北戦争
③	ナポレオン3世	フレンチ・インディアン戦争
④	ナポレオン3世	南北戦争

注）ルイ16世 (Louis XVI)，ナポレオン3世 (Napoleon III)，フレンチ・インディアン戦争 (French and Indian War)，南北戦争 (American Civil War)

(2) 下線部2に関して、立憲主義に関する記述として最も適当なものを、次の①〜④の中から一つ選びなさい。　　6

① 立憲主義を採用する国の憲法は、軟性憲法であることが一般的である。
② 立憲主義に基づく憲法の多くは、最高法規性を確保するため、違憲審査制を設けている。
③ 立憲主義は、主権者の恣意的な意思を法とみなすことを憲法の基本原理とする。
④ イギリスは、立憲主義に基づく史上初の単一の成文憲法典を制定した。

(3) 下線部3に関して、次の表は、2017年における日本、アメリカ、インド（India）、オーストラリア（Australia）の一次エネルギー自給率と一人当たり供給をそれぞれ示したものである。表中のA〜Dに当てはまる国の組み合わせとして最も適当なものを、下の①〜④の中から一つ選びなさい。　　7

	一次エネルギー自給率（％）	一人当たり供給（石油換算t）
A	9.6	3.41
B	62.9	0.66
C	92.5	6.61
D	318.9	5.16

矢野恒太記念会編『世界国勢図会2020/21年版』より作成

	A	B	C	D
①	日本	インド	アメリカ	オーストラリア
②	日本	アメリカ	オーストラリア	インド
③	インド	日本	オーストラリア	アメリカ
④	インド	アメリカ	日本	オーストラリア

(4) 下線部4に関して，メキシコは1994年に発足したNAFTA（北米自由貿易協定）の加盟国であった。NAFTAに関する記述として最も適当なものを，次の①～④の中から一つ選びなさい。　8

① 加盟国のGDP（国内総生産）を合計すると，世界の4割近くを占めた。
② 発効後，多くの外国企業がアメリカへの輸出拠点としてメキシコに進出した。
③ 発効後，カナダ（Canada）の最大の貿易相手国がメキシコになった。
④ 域内関税の撤廃と域外に対する共通の関税率の設定が実現していた。

問3　利子率が，市場での需要と供給により次のグラフのように決まるとする。景気が後退し，企業が設備投資を控える動きが経済全体で強まっている場合，利子率と貸借される資金量とに生じる変化に関する記述として最も適当なものを，下の①～④の中から一つ選びなさい。　9

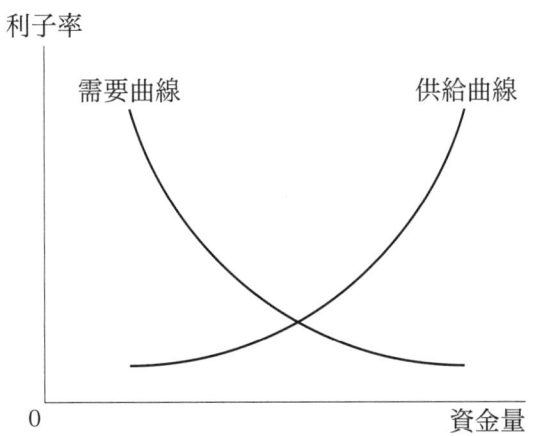

① 利子率は下落し，貸借される資金量は増加する。
② 利子率は下落し，貸借される資金量は減少する。
③ 利子率は上昇し，貸借される資金量は増加する。
④ 利子率は上昇し，貸借される資金量は減少する。

問4　株式会社に関する記述として最も適当なものを，次の①～④の中から一つ選びなさい。　10

① 株式会社は，事業に必要な資金を小口の株式に分割し，多くの人から出資を募ることができる。
② 上場した株式会社の株式は売買が困難なため，株価の値上がり益を期待する株主には不利益になることがある。
③ 株式を保有する株主は，その株式を発行している会社が利益を上げていなくても，出資額に応じて配当を必ず受け取ることができる。
④ 大規模な株式会社では，株主の中から選ばれた取締役が会社の経営を直接おこなうことが多い。

問5　次の文章中の空欄 a ～ c に当てはまる語の組み合わせとして最も適当なものを，下の①～④の中から一つ選びなさい。　11

1980年代に入ると，アメリカの a 政権，イギリスの b 政権が新自由主義の考え方に基づいて，規制緩和や民営化，福祉支出の削減をおこなった。また，日本でも， c 内閣が規制緩和や国有鉄道などの民営化をおこなった。

	a	b	c
①	レーガン	サッチャー	中曽根康弘
②	レーガン	ブレア	小泉純一郎
③	クリントン	サッチャー	小泉純一郎
④	クリントン	ブレア	中曽根康弘

注）レーガン（Ronald Reagan），クリントン（William J. Clinton），サッチャー（Margaret Thatcher），ブレア（Tony Blair）

問6　ある経済が，小麦を生産する農家，小麦を加工して小麦粉を販売する製粉業者，小麦粉を使ってパンを作るパン工場，パンを消費者に販売する小売店から成り立っていると仮定する。農家は小麦を作って製粉業者に10,000円で販売した。製粉業者は小麦を小麦粉に加工して16,000円でパン工場に販売した。パン工場はこの小麦粉を使用して焼いたパンを23,000円でパンの小売店に販売した。パンの小売店は，仕入れたパンを消費者に販売し，30,000円の売上高を得た。このときの経済全体の付加価値の合計として最も適当なものを，次の①～④の中から一つ選びなさい。なお，農家の小麦の生産に関する元手は0円とする。　12

① 10,000円
② 23,000円
③ 30,000円
④ 79,000円

問7　次の文中の空欄　a　に当てはまる語として最も適当なものを，下の①～④の中から一つ選びなさい。　13

市中銀行の主要な業務の一つに，家計や企業などから資金を預かり管理する　a　がある。

① 預金業務
② 為替業務
③ 両替業務
④ 貸出業務

問8　日本の国の財政に関する記述として最も適当なものを，次の①〜④の中から一つ選びなさい。　14

① バブル経済の崩壊後，政府は不況対策として増税や公共事業の削減をおこない，税収を増やした。
② 財政における累進課税制度や財政投融資制度は，その仕組みの中に経済を自動的に安定化させる機能を備えている。
③ 赤字国債は，建設国債によってもなお歳入が不足する場合，特別の法律を別に定めて発行されるものである。
④ 所得税は，所得の低い人ほど所得に占める税負担の割合が高くなるという逆進性の特徴を持つと言われている。

問9　地球環境問題に関する記述として**適当でないもの**を，次の①〜④の中から一つ選びなさい。　15

① 乾燥地域の砂漠周辺では干ばつなどの自然的要因だけでなく，人口増加に対応するための過伐採，過耕作，過放牧によっても砂漠化が進行している。
② フロンが大気中に放出されるとオゾン層が破壊され，特にサハラ砂漠（Sahara）上空のオゾン層の破壊が著しい。
③ 地球温暖化の大きな要因として，化石燃料の使用により排出される温室効果ガスの濃度の増大があると言われている。
④ ヨーロッパでは，工場や自動車から排出されて風で運ばれた硫黄酸化物や窒素酸化物により酸性雨が発生し，森林や建造物が被害を受けた。

問10 アメリカの経済学者フリードマン（Milton Friedman）の主張の説明として最も適当なものを，次の①〜④の中から一つ選びなさい。　16

① 完全雇用を達成するためには，財政政策や金融政策によって有効需要を増加させなければならないと主張した。

② 鉱山の開発による金銀の蓄積や，輸入の抑制と輸出の促進によって国力を増大させる重商主義を提唱した。

③ 政府は裁量的な財政政策，金融政策をとるべきではなく，貨幣供給量を経済成長率に合わせて一定に保つことが，物価の安定に寄与すると説いた。

④ 自由貿易は後発国に不利益を与える面があるため，自国の産業を育成するには政府が輸入制限などの貿易上の制限を設けるべきと唱えた。

問11 租税負担額が国民所得に占める割合を租税負担率といい，公的年金や公的医療保険の保険料などの社会保障負担額が国民所得に占める割合を社会保障負担率という。次のグラフは，日本，アメリカ，フランス，スウェーデンの租税負担率と社会保障負担率を示したものである。グラフ中のA～Dに当てはまる国の組み合わせとして最も適当なものを，下の①～④の中から一つ選びなさい。 17

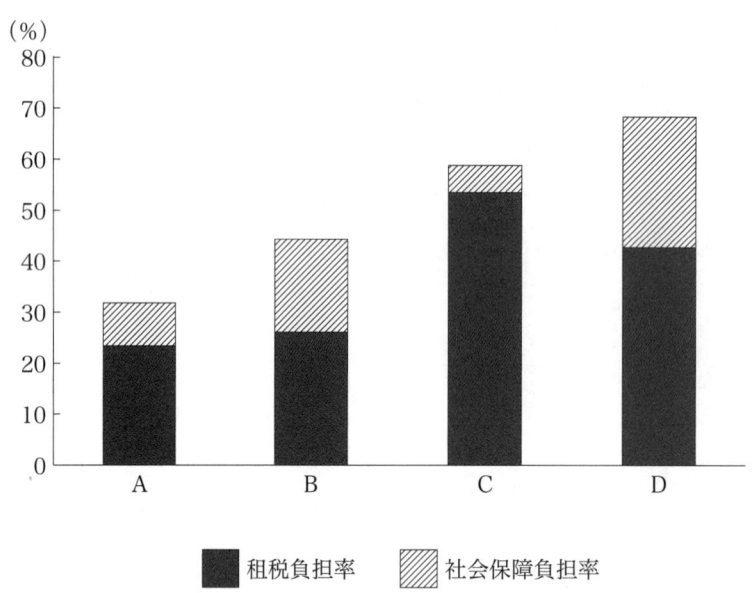

財務省ウェブサイトより作成
注）日本は2018年度，他の国は2018年の値を示している。

	A	B	C	D
①	日本	スウェーデン	フランス	アメリカ
②	日本	アメリカ	スウェーデン	フランス
③	アメリカ	日本	フランス	スウェーデン
④	アメリカ	日本	スウェーデン	フランス

問12 次の文章中の空欄 a ～ c に当てはまる語の組み合わせとして最も適当なものを，下の①～④の中から一つ選びなさい。 18

　1944年の会議での合意により成立した a 体制ではドルと金の交換が保証され，ドルと他の国々の通貨の交換比率も固定されていた。しかし， b への軍事支出や国際援助などによりアメリカの国際収支は赤字に転じ，ドルへの信認が揺らぎ始めると，アメリカからの金の流出が続き，ドル不安が深刻化した。これを受けて，1971年にアメリカの c 大統領は金とドルとの交換停止を発表した。これによって， a 体制は崩壊した。

	a	b	c
①	スミソニアン	ベトナム戦争	ケネディ
②	スミソニアン	朝鮮戦争	ニクソン
③	ブレトンウッズ	朝鮮戦争	ケネディ
④	ブレトンウッズ	ベトナム戦争	ニクソン

　注）スミソニアン（Smithsonian），ブレトンウッズ（Breton Woods），朝鮮戦争（Korean War），ベトナム戦争（Vietnam War），ケネディ（John F.Kennedy），ニクソン（Richard M. Nixon）

問13 次のグラフは，日本，アメリカ，ドイツ，中国（China）の貿易収支の推移を示したものである。グラフ中のA～Dに当てはまる国の組み合わせとして最も適当なものを，下の①～④の中から一つ選びなさい。　19

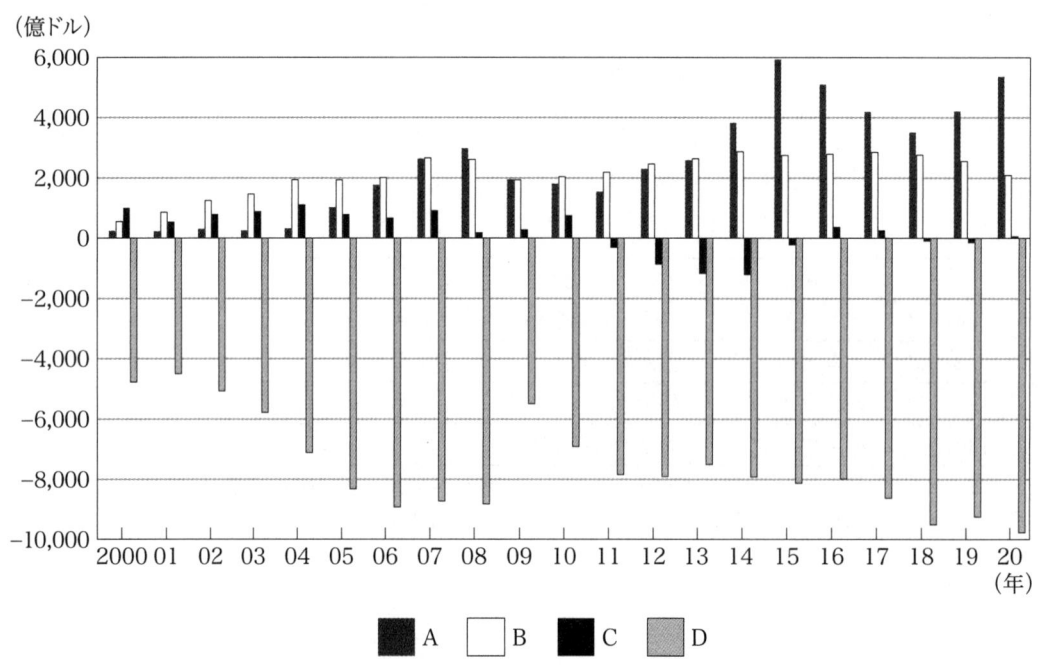

WTOウェブサイトより作成

	A	B	C	D
①	中国	ドイツ	日本	アメリカ
②	アメリカ	日本	ドイツ	中国
③	ドイツ	中国	日本	アメリカ
④	日本	アメリカ	中国	ドイツ

問14 次の表は，1970年と2019年それぞれの世界の一人当たりGDPを1.00とした場合の，四つの地域A～Dの一人当たりGDPを示したものである。A～Dに当てはまる地域の組み合わせとして最も適当なものを，下の①～④の中から一つ選びなさい。 20

	1970年	2019年
世界	1.00	1.00
A	3.72	4.52
B	0.70	3.77
C	0.40	0.58
D	0.42	0.16

UNCTADウェブサイトより作成

	A	B	C	D
①	G7	アジアNIES	BRICS	西アフリカ
②	G7	BRICS	アジアNIES	西アフリカ
③	BRICS	G7	西アフリカ	アジアNIES
④	BRICS	西アフリカ	アジアNIES	G7

注）アジアNIES（Asian Newly Industrialized Economies），西アフリカ（Western Africa）

問15 次の文章中の空欄 a , b に当てはまる語の組み合わせとして最も適当なものを，下の①～④の中から一つ選びなさい。 21

　地球儀は，距離や方位・角度など，地球の姿を正確に示すことができる。現存する最古の地球儀は，1492年にドイツの a が作成したものと言われている。しかし，この地球儀には， b は描かれていなかった。

	a	b
①	コロンブス	アメリカ大陸
②	コロンブス	日本列島
③	ベハイム	アメリカ大陸
④	ベハイム	日本列島

　注）コロンブス（Christopher Columbus），ベハイム（Martin Behaim），アメリカ（America）

問16 日本の成田空港からスペインのマドリード・バラハス（Madrid-Barajas）空港までを大圏航路で結んだ場合，上空を通過する国の組み合わせとして最も適当なものを，次の①～④の中から一つ選びなさい。ただし，各選択肢は，通過する国のすべてを示しておらず，経由地として着陸するという意味ではない。 22

① ロシア（Russia），ノルウェー（Norway），アイルランド（Ireland）

② タイ（Thailand），インド，サウジアラビア（Saudi Arabia）

③ フィンランド（Finland），ベルギー（Belgium），フランス

④ 中国，トルコ（Turkey），イタリア（Italy）

問17 次の文章中の空欄 a ～ c に当てはまる語の組み合わせとして最も適当なものを，下の①～④の中から一つ選びなさい。　23

アメリカの北部にあり，そのうち四つの湖がカナダとの国境になっている五大湖（Great Lakes）は， a である。五大湖周辺の気候は b 気候で， c が広がる。

	a	b	c
①	カルデラ湖	冷帯湿潤	パンパ
②	カルデラ湖	地中海性	タイガ
③	氷河湖	地中海性	パンパ
④	氷河湖	冷帯湿潤	タイガ

注）カルデラ（caldera），パンパ（pampas），タイガ（taiga）

問18 よし子さんがある年の11月の国際線の時刻表を見たところ，東京（成田）からニューヨーク（New York）への直行便の飛行時間が12時間30分であったのに対し，ニューヨークから東京への直行便の飛行時間は14時間15分であった。距離が同じであるにもかかわらず飛行時間に差がある理由として最も適当なものを，次の①～④の中から一つ選びなさい。　24

① 航路でエルニーニョ（El Niño）が起こっているため。
② 航路で偏西風が吹いているため。
③ 通過する等時帯の数が異なるため。
④ 太平洋を流れる寒流が湧昇流を引き起こしているため。

問19 次の表は、コーヒー豆とパーム油の生産上位5か国の生産量と世界生産に占める割合を示したものである。表中のA，Bに当てはまる国の組み合わせとして最も適当なものを，下の①〜④の中から一つ選びなさい。 25

コーヒー豆（2019年）

	生産量（千t）	割合（%）
ブラジル	3,009	30.0
ベトナム	1,684	16.8
A	885	8.8
B	761	7.6
エチオピア	483	4.8
世界計	10,036	100.0

FAOSTATより作成

パーム油（2018年）

	生産量（千t）	割合（%）
B	40,567	56.8
マレーシア	19,516	27.3
タイ	2,777	3.9
A	1,646	2.3
ナイジェリア	1,130	1.6
世界計	71,468	100.0

	A	B
①	チュニジア	バングラデシュ
②	チュニジア	インドネシア
③	コロンビア	バングラデシュ
④	コロンビア	インドネシア

注）ブラジル（Brazil），ベトナム（Viet Nam），エチオピア（Ethiopia），マレーシア（Malaysia），ナイジェリア（Nigeria），チュニジア（Tunisia），コロンビア（Colombia），バングラデシュ（Bangladesh），インドネシア（Indonesia）

問20 次のグラフは，中東（Middle East），北アメリカ（North America），ロシアの原油生産量の推移を示したものである。グラフ中のA〜Cに当てはまるものの組み合わせとして最も適当なものを，下の①〜④の中から一つ選びなさい。 26

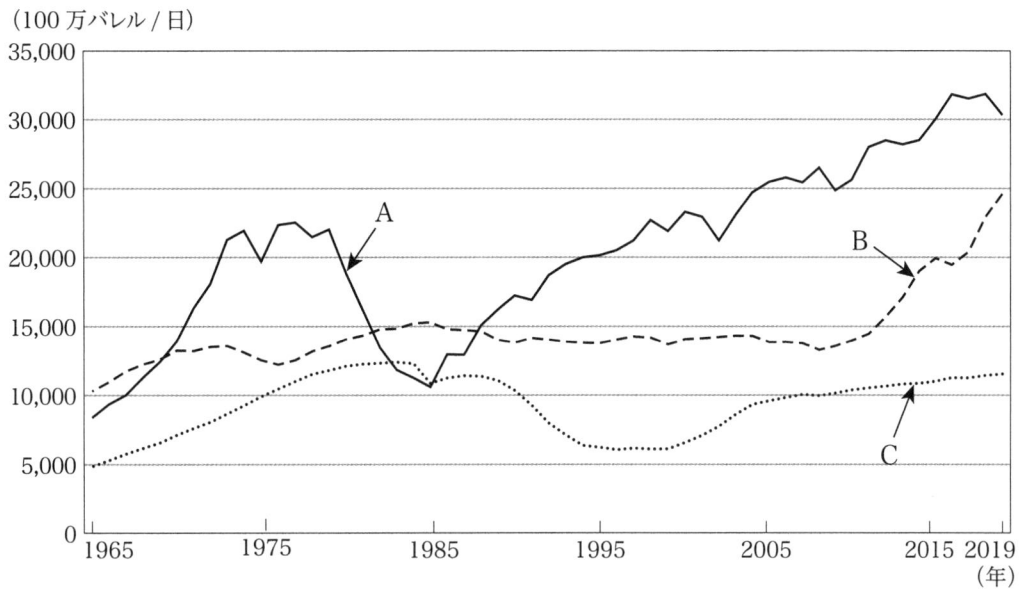

資源エネルギー庁『エネルギー白書2021』より作成
注）ロシアはソ連時代を含む。

	A	B	C
①	北アメリカ	中東	ロシア
②	中東	ロシア	北アメリカ
③	中東	北アメリカ	ロシア
④	ロシア	中東	北アメリカ

問21 次の表は，2020年において日本がドイツに輸出した上位5品目と，ドイツから輸入した上位5品目を示したものである。表中のA，Bに当てはまる品目として最も適当なものを，下の①〜④の中から一つ選びなさい。 27

日本がドイツに輸出した上位5品目	日本がドイツから輸入した上位5品目
機械類	機械類
A	B
有機化合物	A
科学光学機器	有機化合物
遊戯用具	科学光学機器

矢野恒太記念会編『日本国勢図会2021/22年版』より作成

	A	B
①	自動車	医薬品
②	自動車	肉類
③	米	医薬品
④	米	肉類

問22 人権の国際化に関する次の条約や宣言A〜Dを採択された順に並べたものとして正しいものを，次の①〜④の中から一つ選びなさい。 28

A 障害者権利条約（Convention on the Rights of Persons with Disabilities）

B 世界人権宣言（Universal Declaration of Human Rights）

C 女子差別撤廃条約（Convention on the Elimination of all Forms of Discrimination against Women）

D 国際人権規約（International Covenants on Human Rights）

① A→B→D→C

② B→D→C→A

③ C→A→B→D

④ D→C→A→B

問23 日本国憲法に定められた権力分立に関する記述として最も適当なものを，次の①〜④の中から一つ選びなさい。　29

① 内閣総理大臣は，最高裁判所が任命する。
② 最高裁判所の裁判官は，国会が指名する。
③ 行政機関は，終審として裁判をおこなうことができない。
④ 内閣は，行政権の行使について国会に対して連帯責任を負わない。

問24 日本国憲法第20条で保障されている信教の自由の内容の説明として最も適当なものを，次の①〜④の中から一つ選びなさい。　30

① 宗教団体がその目的を著しく逸脱した行為をする自由である。
② 『聖書』に書かれた神の言葉に自ら従う自由である。
③ 国が特定の宗教団体に経済的な特権を与える自由である。
④ 宗教を信仰するかどうかや，信仰する宗教の選択を決定できる自由である。

問25 日本の司法制度に関する記述として最も適当なものを，次の①〜④の中から一つ選びなさい。　31

① 民事裁判は，私人間の財産や身分に関する法律関係についての紛争を解決する手続きであり，検察官が公訴を提起することにより始まる。
② 下級裁判所のうち，高等裁判所は最高裁判所の指揮監督下に，地方裁判所は都道府県知事の指揮監督下にそれぞれ置かれている。
③ 裁判員が参加する裁判では，裁判員は裁判官とともに有罪か無罪かを決め，有罪の場合は量刑も決める。
④ 裁判官の身分保障の一環として，定期に相当額の報酬を受けることや，任期中逮捕されないことが憲法に定められている。

問26 細川護熙（ほそかわもりひろ）内閣の下，1994年におこなわれた政治改革の内容として最も適当なものを，次の①〜④の中から一つ選びなさい。 32

① 政党交付金制度の創設
② 政治献金の全面禁止
③ 党首討論の導入
④ 国政選挙における戸別訪問の解禁

問27 NATO（北大西洋条約機構）に関する記述として最も適当なものを，次の①〜④の中から一つ選びなさい。 33

① NATOは，西ドイツの再軍備に対抗するため，北大西洋地域のアメリカ，カナダとヨーロッパの西側陣営によって設立された。
② NATOの加盟国は，武力攻撃がおこなわれたときは，個別的自衛権または集団的自衛権を行使して，攻撃を受けた加盟国を援助する。
③ NATOは，「プラハの春」（Prague Spring）を鎮圧しようとしたワルシャワ条約機構（Warsaw Treaty Organization）を止めるため，人道的介入をおこなった。
④ NATOの加盟国は，NATOのみ加盟しているアメリカ，カナダ，トルコを除き，EU（欧州連合）の加盟国と一致している。

問28 物理学者アインシュタイン（Albert Einstein）と哲学者ラッセル（Bertrand Russell）の提唱により1957年に開催され，世界の科学者が核兵器の危険性や科学者の社会的責任について話し合った会議として最も適当なものを，次の①〜④の中から一つ選びなさい。 34

① 全欧安全保障協力会議
② ロンドン（London）会議
③ ベルリン（Berlin）会議
④ パグウォッシュ（Pugwash）会議

問29 19世紀の中頃、日本の薩摩藩は、集成館と呼ばれる工場を建てた。集成館には、館内の機械を動かす水力発電の水車や、大砲を造るための反射炉、造船工場などさまざまな設備が整えられていた。薩摩藩が集成館を建てた動機として最も適当なものを、次の①～④の中から一つ選びなさい。 35

① オスマン帝国（Ottoman Empire）でミドハト・パシャ（Midhat Pasha）により公布された憲法では、軍隊の西欧化が目標とされていたから。

② J.S.ミル（John Stuart Mill）の功利主義の思想に共感し、薩摩藩全体の幸福の最大化を達成するには西洋文明の積極的な摂取が必要だと考えたから。

③ 江戸幕府が結んだ不平等条約を改正するには、日本が近代化を進めていることを証明する必要があったから。

④ アヘン戦争（First Opium War）でアジア（Asia）の大国の清（中国）がイギリスに敗れた原因が、近代化の遅れにあることを知ったから。

問30 米西戦争（Spanish-American War）に関する記述として最も適当なものを、次の①～④の中から一つ選びなさい。 36

① 米西戦争は、セオドア・ローズベルト（Theodore Roosevelt）大統領の棍棒外交（Big Stick Diplomacy）により引き起こされた戦争である。

② 「世界政策」を掲げるドイツのヴィルヘルム2世（Wilhelm II）が介入してきたため、米西戦争は5年間続く長期戦になった。

③ トマス・ペイン（Thomas Paine）が著した『コモン・センス』は、米西戦争におけるアメリカの正当性を主張し、アメリカ国内に反響を巻き起こした。

④ アメリカは米西戦争に勝利し、カリブ海（Caribbean Sea）地域でプエルトリコ（Puerto Rico）、太平洋地域でフィリピン（Philippines）やグアム（Guam）を獲得した。

問31 第一次世界大戦終結後から1920年代にかけて生じた情勢に関する記述として最も適当なものを，次の①～④の中から一つ選びなさい。　37

① イギリスでは，社会主義団体や労働組合による労働者独自の政党として，労働党が成立した。

② アメリカでは，ジョンソン（Lyndon B. Johnson）大統領の下で，選挙権や公共施設での人種差別を禁止する公民権法が成立した。

③ ワシントン会議（Washington Conference）では，日英同盟（Anglo-Japanese Alliance）の終了と太平洋諸島の現状維持を確認する四か国条約が結ばれた。

④ ガンディー（Mahatma Gandhi）が指導する非暴力・不服従の運動を抑えきれず，イギリスはインドの独立を認めた。

問32 次の文章中の空欄　a　，　b　に当てはまる語の組み合わせとして最も適当なものを，下の①～④の中から一つ選びなさい。　38

　1980年代にソ連で生じた急激な変化に伴い，東欧（Eastern Europe）諸国では民主化運動が進展した。　a　では，ワレサ（Lech Walesa）が率いる自主管理労働組合である「連帯」が1989年に合法化され，「連帯」は同年の総選挙で圧勝した。1989年にはハンガリー（Hungary）やチェコスロバキア（Czechoslovakia）でも共産党による一党支配が崩れ，複数政党制への移行が決定された。さらに，東ドイツ（East Germany）では「ベルリンの壁」（Berlin Wall）が開放され，　b　ではチャウシェスク（Nicolae Ceauşescu）大統領が反政府運動の高まりの中で処刑されるという事件が起こった。

	a	b
①	ポーランド	ルーマニア
②	ポーランド	ブルガリア
③	ユーゴスラビア	ルーマニア
④	ユーゴスラビア	ブルガリア

注）ポーランド（Poland），ユーゴスラビア（Yugoslavia），ルーマニア（Romania），ブルガリア（Bulgaria）

정답과 해설

제 1 회

정답

★「종합과목」에서 과거에 몇 차례 출제된 사항

問	解答番号	正解
問1	1	③
	2	②
	3★	①
	4★	④
問2	5	④
	6	③
	7	③
	8	②
問3	9★	③
問4	10★	④
問5	11★	①
問6	12★	②
問7	13	②
問8	14	①
問9	15	③
問10	16	④
問11	17	④
問12	18	④
問13	19	④

問	解答番号	正解
問14	20★	①
問15	21	③
問16	22	③
問17	23	①
問18	24	④
問19	25★	③
問20	26	②
問21	27★	①
問22	28	①
問23	29	④
問24	30★	②
問25	31	③
問26	32	④
問27	33	②
問28	34★	④
問29	35	④
問30	36★	②
問31	37	④
問32	38★	①

해설

問1(2) 2 ①公害対策基本法が制定されたのは1967年で，佐藤栄作内閣のとき。③外貨収入が増加した要因は，輸出の増加。

問1(3) 3 ニュージーランドの国王は，イギリス国王である。

問2(1) 5 ①EUの発足と同時ではなく，1999年に導入された。②ECB（欧州中央銀行）はユーロ圏の金融政策を担う機関である。

問2(2) 6 イギリス国民は，主権の一部がEUに移譲されたことに反発していた。

問2(4) 8 ④ベルギーの公用語はオランダ語，フランス語，ドイツ語の三つである。

問3 9 原材料費の上昇はコスト増加を意味するので，供給曲線が左上にシフトし，財の価格が上がる。

問4 10 X国が毛織物の生産に特化すると，毛織物は2.2単位生産される。Y国がワインの生産に特化すると，ワインは2.125単位生産される。よって，特化前よりも両財ともに生産量が増加する。

問6 12 ①インフレーションは通貨の価値が下がる。③デフレーションになると，商品の価格が安くなるが，消費者はさらに安くなると見込んで買い控えをする。④デフレーションは通貨の価値が上がるので，企業や家計の債務負担が実質的に重くなる。

問7 13 ①ゼロ金利政策は，政策金利を実質的に0％に誘導する政策である。

問8 14 ③所得税は国税・直接税。④企業の利潤に対して課税される税は，法人税。

問9 15 NAFTAの発足は1994年，第1回サミットは1975年，ニクソン・ショックは1971年。

問11 17 ①は生物多様性条約，②はワシントン条約，③はラムサール条約の説明。

問13 19 ①アジア・アフリカ会議は1955年に開催された。③新国際経済秩序（NIEO）樹立宣言が採択されたのは1974年。

問14 20 $(120+135) \div 15 = 17$で，時差は17時間。日本時間の8月1日午前8時の17時間前は7月31日午後3時。

問16 22 アメリカ以外の3か国はいずれもBRICSで，鉱産資源の生産量が大きく増加していることから判断する。

問17 23 便宜置籍船制度の知識を使って解く問題である。

問19 25 65歳以上人口割合が表中で最も高いCが日本。アメリカはヒスパニックの出生率が高いので，Aと判断できる（Bは出生率も死亡率も高いので除外できる）。

問21 27 ②「王といえども神と法の下にある」という言葉を引用したのは，コーク。

問25 31 ①地方債の発行は2006年度から事前協議制になった。②平成の大合併により，市町村数は3232（1999年）から1727（2010年）に減った。2021年4月1日現在では1718。③条例の制定・改廃は直接請求権の一つ。

問27 33 ①対立関係にある国を含むすべての国が参加することが求められる。

問29 35 ①ベルリン会議において先占権が確認された。③コンゴ自由国を設立したのはベルギー国王。

問32 38 日ソ共同宣言を契機として，それまで日本の国際連合加盟に反対していたソ連が支持に回った。

제 2 회

정답
★「総合科目」で過去に何度か出題された事項

問	解答番号	正解	問	解答番号	正解
問1	1	③	問14	20	②
問1	2	④	問15	21	④
問1	3★	③	問16	22★	①
問1	4	①	問17	23★	①
問2	5	④	問18	24	④
問2	6	①	問19	25	③
問2	7	②	問20	26	④
問2	8	③	問21	27	③
問3	9★	①	問22	28★	②
問4	10	①	問23	29★	①
問5	11★	③	問24	30	②
問6	12	④	問25	31	③
問7	13★	②	問26	32	④
問8	14	①	問27	33	③
問9	15	④	問28	34★	②
問10	16	②	問29	35	②
問11	17	③	問30	36	①
問12	18	④	問31	37	③
問13	19	④	問32	38	④

해설

問1(2) 2 ①農業調整法は，農産物の価格の安定を図る法律。②公共事業を大規模におこなった。③全国産業復興法では，工業製品の価格協定が認められた。

問1(3) 3 ①下院の選挙において多数の議席を占めた政党の党首が，国王から任命されて首相となる。②下院の選挙制度は，小選挙区制。

問2(2) 6 シンガポールは工業化が進展し，加工貿易をおこなっているので，Cが当てはまる。インドネシアは石炭や液化天然ガスの輸出国なので，Bが当てはまる。

問2(4) 8 日本は1990年以降，経済が停滞気味なので，Cが当てはまる。バングラデシュは近年多国籍企業が進出しており，経済が発展しているので，Aが当てはまる。ロシアはソ連崩壊とその後の通貨危機で1990年代から2000年代前半に経済が大きく混乱したので，Dが当てはまる。

問4 10 企業が操業する権利をもともと持っていれば，機械の設置費用5000万円は住民の負担になる。住民が静かな環境で暮らす権利を持っていれば，企業は1億円の被害を補償するよりも機械の設置費用5000万円を負担するであろう。

問5 11 ②株式会社の最高意思決定機関は株主総会。④株主総会における議決権は，原則として一株につき一票。

問7 13 ①供給されたものには必ず需要があるというのはセーの法則のことで，ケインズはこれを否定した。

問8 14 ②金融市場の資金が少なくなれば，金利は上がる。④国債発行残高が増えすぎると，国債への不安が高まって売れなくなり，国債価格は下がる。

問10 16 aは100万÷100＝1万。bは1万×0.05＝500。cは500×60＝3万。

問11 17 日本から直接投資のための資金が出て行ったので，金融収支の黒字として計上される。

問13 19 $\cos 45°$なので，下図の縦軸と点bを結ぶ直線の長さは0.707になる。この数値を円周を求める公式に当てはめれば，北緯45度の緯線の円周は$2.0 \times 0.707\pi$になる。

問17 23 近年，アメリカはシェールガスやシェールオイルの産出量が大きく伸びている。よってAがアメリカである。石炭産出量1位のBは中国で，鉄鉱石産出量1位のDはオーストラリア。

問18 24 Aは両方の年で割合が高いので，インドと中国を含むアジア。Bは2020年の割合が1960年に比べて大きく高まっているので，アフリカ。Cは逆に低下しているので，ヨーロッパ。

問24 30 ②国会議員は，全国民の代表である。③予算の議決について両院の議決が異なった場合，両院協議会が開かれる。④違憲審査権を行使することができるのは，裁判所。

問25 31 ③遡及処罰の禁止の説明。

問26 32 ④国際連盟は，武力制裁をおこなうことができなかった。

問29 35 ②二月革命についての記述。

問30 36 ①日米修好通商条約では，日本は関税自主権を持たなかった。

問31 37 ①OAUが設立されたのは，「アフリカの年」の3年後。②平和五原則を発表したのは，中国の周恩来首相とインドのネルー首相。④東アジア首脳会議は日本，中国，韓国，ASEAN10か国，アメリカ，インドなど18か国による首脳会議。2005年に第1回会議が開かれた。

제 3 회

정답

★「종합과목」에서 과거에 몇 차례 출제된 사항

問	解答番号	正解
問1	1	③
	2	②
	3	②
	4	④
問2	5	③
	6	③
	7★	①
	8	①
問3	9	④
問4	10	②
問5	11★	①
問6	12	①
問7	13★	①
問8	14	③
問9	15	②
問10	16	③
問11	17★	③
問12	18	④
問13	19	①

問	解答番号	正解
問14	20	③
問15	21★	②
問16	22	④
問17	23	①
問18	24★	②
問19	25	③
問20	26	④
問21	27	②
問22	28★	③
問23	29★	④
問24	30★	②
問25	31	①
問26	32	④
問27	33	②
問28	34★	③
問29	35	④
問30	36	④
問31	37	①
問32	38★	②

해설

問1(2) 2 2020年のアフリカの森林面積は1990年に比べて減少している。また、アフリカは森林が陸地に占める割合は比較的低い。したがって、Bがアフリカである。

問1(3) 3 726÷110×100＝660（兆円）
(660−600)÷600×100＝10（％）

問2(4) 8 ①問屋制家内工業ではなく、工場制機械工業（機械制工業）が正しい。

問3 9 需要量がどのように変化しても供給量が一定であるから、需要量に応じて供給量を変動できない財のグラフであると考える。

問4 10 ②社会的費用とは、外部不経済により生じる損失を含めた社会全体の費用のこと。

問7 13 ③ゼロ金利政策は、マネーストックの増加を目的とする。

問8 14 Aは減少しているのでドイツ。Dは排出量が表中の他の国と比べて突出して多いのでアメリカ。Cは増減が少ないので日本。Bは排出量が表中の他の国と比べて少ないのでトルコ。

問10 16 ②労災保険の保険料は事業主のみが負担する。④国民皆年金が実現したのは1961年。

問12 18 ①WTOはウルグアイ・ラウンドでの合意により発足した。②GATTよりも強力な紛争処理手続きが設けられている。

問14 20 バングラデシュは、図ではロンドンより東、シンガポールより西にある。これに当てはまるものは②と③であるが、よりシンガポールに近い③が正解。

問15 21 (135−15)÷15＝8なので、日本とイタリアの時差は8時間。日本の方が時間は進んでいるので、8時間進ませる。

問16 22 Aは気温の年較差がほとんどないので、熱帯のクアラルンプール。Bは高所にあるので、メキシコシティ。Cは気温の年較差が比較的大きく、やや高度が高いので、アナトリア高原にあるアンカラ。残ったDがワシントンD.C.。

問17 23 1990年ではOECD加盟国の方が割合が高いが、2017年ではOECD非加盟国の方が割合が高い。これに着目して選択肢を見ると、①が適当と判断できる。

問18 24 ①水力発電の割合が最も高い。③イヌイットの居住地として、1999年にカナダ北部に準州が成立した。④国土の大半は亜寒帯（冷帯）湿潤気候に属している。

問19 25 Aはピラミッド型なのでインド。Dはつぼ型なので日本。CはDと似たような形であるが、高齢者の人口が少ないのでアメリカ。残ったBが中国。

問20 26 Dは割合が低いので、距離的に中国から遠いドイツ。Cは2019年に下がっているので、この時期に中国との貿易摩擦が激化したアメリカ。AとBは、韓国は中国以外に日本やアメリカからの輸入も多いことから、Bが韓国、Aが日本と判断する。

問21 27 日本の小麦の自給率は非常に低い。

問22 28 ④間接民主制ではなく直接民主制。

問25 31 ①法案の再議決は、衆議院の優越の一つ。

問28 34 ③総会の議決は勧告にとどまる。

問29 35 ③ドイツ関税同盟にはバイエルンも参加した。

問30 36 ①三国干渉はロシア、ドイツ、フランス。③賠償金は獲得できなかった。

제 4 회

정답 ★「総合科目」で過去に何度か出題された事項

問	解答番号	正解
問1	1	①
	2★	③
	3	③
	4	②
問2	5	④
	6★	③
	7	①
	8	④
問3	9	②
問4	10	④
問5	11★	③
問6	12	①
問7	13★	④
問8	14★	④
問9	15	②
問10	16	④
問11	17★	④
問12	18	④
問13	19	①

問	解答番号	正解
問14	20	③
問15	21★	①
問16	22★	②
問17	23	③
問18	24	①
問19	25	④
問20	26	②
問21	27	④
問22	28	④
問23	29	④
問24	30★	①
問25	31★	②
問26	32	③
問27	33	④
問28	34★	②
問29	35	④
問30	36★	②
問31	37	③
	38	④

해설

問1(2) 2 ①フランス人権宣言は自由，所有権，安全及び圧制への抵抗を自然権とした。②1778年にフランスがアメリカの独立を承認して，独立戦争に参戦している。

問1(4) 4 ③民間銀行は紙幣（日本銀行券）を発行できない。④現金ではなく外国為替が用いられる。

問2(2) 6 ①開戦当初，北部は苦戦した。④北部は保護貿易政策を，南部は自由貿易政策を採用すべきと主張した。

問2(4) 8 ①使用者が労働組合の運営のために必要な経費を援助することは，法律で禁止されている。

問3 9 問題文から，財Aは需要の価格弾力性が小さいことが分かる。

問4 10 Aさんのエンゲル係数は，40000÷150000×100＝26.7（％）。Bさんの平均貯蓄率は，110000÷450000×100＝24.4（％）。

問8 14 ①スウェーデンのストックホルムで開催されたのは，国連人間環境会議。②ラムサール条約が採択されたのは1971年。

問9 15 所得税の累進課税を強化すると，所得が多いほど税金を多く取られるため，高所得者の勤労意欲が低下する懸念がある。財産所得は土地や株式などの運用で得た所得のこと。財産所得の利子所得への課税を強化すると，利子所得が多いほど税金を多く取られるため，投資の意欲が低下する懸念がある。

問10 16 ①制定当初の公害対策基本法の内容。②PL法では，消費者が商品の欠陥を立証すれば製造者は過失がなくても賠償責任を負うと定められた。③内容でクーリングオフ制度が説明されているが，この制度を定めているのは特定商取引法や割賦販売法である。

問12 18 ④日本国内の企業は対外直接投資のために円を外貨に換えるため，対外直接投資が増加すると為替レートは円安になる傾向がある。

問16 22 ロサンゼルスの現地時間午前11時30分は，日本時間では17時間後の翌日午前4時30分。したがって，フライト時間は10時間。ドバイの現地時間午前5時は，日本時間では5時間後の午前10時。したがって，フライト時間は12時間。

問19 25 自動車の生産台数の多さと人口100人当たりの自動車の保有台数の少なさから，Dが中国。自動車の保有台数と人口100人当たりの自動車の保有台数がともに多いBがアメリカ。いずれの数値も低めなAがブラジル。残ったCが日本。

問20 26 2010年と比べて2020年が大きく減少しているCが原子力（2011年の福島第一原発事故を受けて一時日本国内のすべての原子力発電所が発電を停止した）。最も数値が大きいBが火力。残ったAが水力。

問22 28 ②解釈改憲は，憲法の改正によらず，解釈や運用によって憲法の内容を変更するという考え方。

問26 32 ①国際慣習法は，諸国の慣行の積み重ねにより形成された法。

問27 33 ①エジプトに遠征した。

問29 35 福岡県には筑豊炭田があったため，燃料となる石炭を安定して供給することができた。

問30 36 ③ベルリン封鎖は1948年でマーシャル・プランの発表よりも後の出来事。

제 5 회

정답

★「종합과목」에서 과거에 몇 차례 출제된 사항

問	解答番号	正解
問1	1★	②
	2	①
	3	②
	4	④
問2	5	①
	6★	④
	7	③
	8	②
問3	9★	①
問4	10	③
問5	11★	③
問6	12	③
問7	13	④
問8	14	①
問9	15★	④
問10	16	④
問11	17	③
問12	18	①
問13	19	②

問	解答番号	正解
問14	20	③
問15	21★	①
問16	22	④
問17	23	②
問18	24	①
問19	25	③
問20	26★	②
問21	27★	③
問22	28★	④
問23	29	①
問24	30★	①
問25	31★	④
問26	32	②
問27	33	④
問28	34	②
問29	35★	③
問30	36	①
問31	37	②
問32	38	①

해설

問1(2) 2 1973年の第一次石油危機を受け、先進国はサミットを開き、協調して経済運営をおこなうこことした。

問1(4) 4 ④ベルリンの壁は1961年に築かれ、1989年に撤去された。

問2(1) 5 南半球に亜寒帯（冷帯）の気候区はない。

問2(3) 7 ②GATTの説明。

問3 9 株式を保有する魅力が相対的に薄れたとあるので、需要曲線が左に移動する。

問4 10 生産量の増加にともない平均費用が低くなっていることを示しているグラフを探せばよい。

問5 11 ③有害物質の排出量に応じて税金を支払わなければならないなら、企業は有害物質の排出を減らそうとするであろう。

問7 13 1,000－500－30＝470（兆円）

問9 15 不況時におこなう金融政策は、金融緩和政策。

問10 16 ②ILOの目的。③第二次世界大戦の戦災国の復興は、IBRDの当初の目的。

問11 17 1ニュージーランドドル＝72円だから、オーストラリアの方は120×90＝10,800円、ニュージーランドの方は80×72＝5,760円となり、合わせると16,560円になる。

問12 18 ①これを共同市場という。

問13 19 最も比率が高いAが日本。2010年代前半に大きく悪化したBがギリシャ。100％に届いていないDがドイツ。残ったCがカナダ。

問14 20 ①おおむね経度180度の線に沿っている。

問15 21 ②「緑の革命」により米の生産量を増やしたのは、東南アジアや南アジアの国。

問16 22 地熱・新エネルギーの割合が表中で最も高い④がドイツ。

問17 23 貨物が旅客を大きく上回っているAがアメリカ。表中では営業キロはそれほど大きくないが旅客が多いBが日本。いずれの数値も低めのCが韓国。旅客も貨物も多いDが中国。

問18 24 2010年以降死亡率が出生率を上回っているAが日本。2040年を過ぎても出生率が30％近いDがナイジェリア。1955年の出生率が40％を超えているCがインド。出生率は低めだが日本ほどではないBがアメリカ。

問19 25 ②ギリシャは正教徒が多い。

問21 27 『社会契約論』はルソーの著書。

問24 30 ③参議院は不信任決議権を持っていない。

問26 32 ①③④自治事務の例。

問27 33 ①秘密選挙の原則。

問29 35 ①オーストリアのメッテルニヒがウィーン会議の議長を務めた。④1806年、西南ドイツ諸邦はナポレオンを盟主とするライン同盟を結成し、これにより神聖ローマ帝国は消滅した。ライン同盟は1813年に解体したが、その後、神聖ローマ帝国の復活はなされず、ウィーン会議での合意によってドイツ連邦が形成された。

問30 36 ②ローマ共和国を建国したのはマッツィーニ。④「未回収のイタリア」は南チロルやトリエステなどのオーストリア領のこと。

問31 37 ①アジア・アフリカ会議はインドネシアのバンドンで開かれた。

제 6 회

정답

★「종합과목」에서 과거에 몇 차례 출제된 사항

問	解答番号	正解
問1	1	①
問1	2	④
問1	3★	③
問1	4	①
問2	5	①
問2	6	④
問2	7★	④
問2	8	③
問3	9★	③
問4	10	①
問5	11	③
問6	12★	②
問7	13	④
問8	14★	②
問9	15	③
問10	16★	①
問11	17	①
問12	18★	②
問13	19	④

問	解答番号	正解
問14	20	①
問15	21	②
問16	22	③
問17	23	④
問18	24	③
問19	25	①
問20	26	④
問21	27★	②
問22	28	③
問23	29	②
問24	30	④
問25	31★	②
問26	32	④
問27	33	④
問28	34	③
問29	35	①
問30	36★	④
問31	37	④
問32	38★	②

해설

問1(1) **1** 岸信介内閣は1957年に発足し、1960年まで続いた。

問1(2) **2** ①東太平洋やカリブ海ではなく、北西太平洋や南シナ海。②海水温が高いほど大気中に含まれる水蒸気の量が多くなる。③地表との摩擦や水蒸気の供給の減少により運動エネルギーが失われていく。

問1(4) **4** ②PKFへの自衛隊の参加は、PKO協力法制定当初は認められていなかったが、2001年に認められた。

問2(3) **7** A国の毛織物の生産量は、140÷40＝3.5単位。B国はぶどう酒の生産が1単位増えるから、ぶどう酒の生産に従事する労働者は240人となり、40人余る。この40人は引き続き毛織物の生産に従事するから、B国では0.25単位生産される。よって、両国合計の毛織物の生産量は3.5＋0.25＝3.75単位となり、もともとの2単位から1.75単位増加する。

問3 **9** 技術革新が起こると、より低い費用で生産できるようになるので、供給曲線が右下にシフトする。

問4 **10** ②管理価格とは、プライス・リーダーが設定した価格に他の企業が追従して定まる価格のこと。③独占禁止法の運用を担う行政委員会は、公正取引委員会。④1997年の独占禁止法の改正により、持株会社の設立が認められた。

問5 **11** (102－98)÷98≒0.04。よって、約4％。

問6 **12** ①③「日本版金融ビッグバン」の一環として、銀行、信託、証券、保険の相互参入が認められた。④BIS規制を守るため、銀行は企業への貸出に消極的になった。

問9 **15** インドネシアは1997年のアジア通貨危機の影響を受け、翌1998年に成長率が大きく落ち込んだ。よって、Cが当てはまる。

問12 **18** 円安は、日本にとって輸出を促進し、輸入を抑制する効果を持つ。

問17 **23** アメリカ北部とカナダは、亜寒帯（冷帯）湿潤気候の地域が多い。よって、亜寒帯（冷帯）湿潤気候の割合が高い④が当てはまる。

問18 **24** ①農地改革では、自作農が多く創出された。②高度経済成長期に、農業従事者数や農家戸数は減少した。

問19 **25** 輸出品目に原油が含まれているBは、北海油田を有するイギリス。航空機が含まれているCは、航空機産業が盛んなフランス。残ったAがドイツ。

問21 **27** ルソーによる、間接民主制を批判する主張。

問22 **28** 人種、出生、能力などの面で人には大きな違いがあり、これを放置しておくと結果の不平等が生じる。これを是正し、結果の平等を実現する政策が、実質的平等の考え方に沿った政策であり、クオータ制を述べた③が当てはまる。

問23 **29** ③教育の義務は大日本帝国憲法の規定にはなく、後に勅令で定められた。

問24 **30** ①遡及処罰の禁止の説明。③一事不再理の説明。④推定無罪の説明。

問27 **33** ④これを文書主義という。

問29 **35** ①ポルトガルではなくイギリス。

제 7 회

정답

★「종합과목」에서 과거에 몇 차례 출제된 사항

問	解答番号	正解		問	解答番号	正解
問1	1	①		問14	20★	①
	2★	①		問15	21	④
	3	②		問16	22★	④
	4	③		問17	23★	③
問2	5★	④		問18	24	②
	6	③		問19	25	②
	7★	①		問20	26	②
	8★	③		問21	27	②
問3	9	②		問22	28	①
問4	10	①		問23	29★	④
問5	11	③		問24	30	③
問6	12★	④		問25	31	②
問7	13★	④		問26	32★	①
問8	14	②		問27	33	④
問9	15	③		問28	34★	②
問10	16★	②		問29	35★	④
問11	17	④		問30	36	①
問12	18	①		問31	37	①
問13	19	②		問32	38	④

해설

問1(1) 1　インド人は牛乳の生産量・消費量が多く，豚肉はあまり食べない。したがって，豚の上位5か国に入っていないBがインド。Aは，牛と豚が上位5か国に入っているので，肉類の輸出量が多いブラジル。Cは，豚の頭数が世界計の半数近くであるから，中国。

問1(4) 4　イギリスは北海油田を有するので，原油の自給率はある程度高い。

問2(2) 6　当時，聖書は専らラテン語訳のものが使われていた。ルターは，聖書を通じて各人が直接神と向き合うべきとして，聖書はドイツ語しか理解できない民衆でも触れられるものでなければならないと考えた。

問2(4) 8　ドイツは先進国であるから点は左下に位置する。よって，Cが当てはまる。

問3 9　右上のグラフを参照してほしい。当初の均衡価格（P_1）は500円。そこに1単位当たり100円の税を課されたので，供給曲線は上にシフトし，当初の均衡数量と同じ数量での価格（P_2）は100円上乗せされて600円になる。ここで，課税後の均衡価格（P_3）を見ると，P_2よりも価格が低い位置にある。したがって，課税前と比べた上昇額は，99円以下になると考えられる。

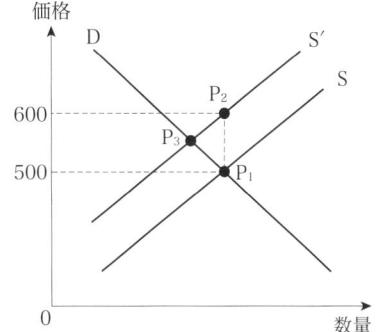

問5 11　④中小企業であっても株式会社となることができる。

問9 15　耐久消費財の価格は，技術革新や輸入品の増加の影響などにより大きく下落した。よって，Aが電気冷蔵庫。

問13 19　経常収支＝貿易収支＋サービス収支＋第一次所得収支＋第二次所得収支なので，200－100＋1200－50＝1250。

問14 20　シンガポールは貿易依存度が非常に高いので，Cが当てはまる。オランダも貿易依存度が高いことで知られており，Dが当てはまる。AとBは，一人当たり貿易額の違いから，Aがエジプト，Bが日本と分かる。

問16 22　東京とニューヨークの時差は，(135＋75)÷15＝14で，日本の方が14時間進んでいる。したがって，東京が午前8時のとき，ニューヨークは前日の午後6時で，東京が午後5時のとき，ニューヨークは同日の午前3時であるから，④が正解である。

問17 23　西岸海洋性気候のハイサーグラフであるから，落葉広葉樹が正解。

問18 24　運転中の基数が多いAは原子力大国のアメリカ。建設・計画中の基数がないCは原子力発電所の全廃を発表しているドイツ。運転中の基数がなく，建設・計画中の基数があるDは新興国のトルコ。残ったBが日本。

問24 30　経済の自由の重要性を説く③が，よし子さんの立場に沿った主張の例として最も適当。

問25 31　アメリカは出生地主義を採用している。

問26 32　空欄aは，400万÷4＝100万。bは，20万÷1＝20万。cは，100万÷20万＝5。

제 8 회

정답

★「종합과목」에서 과거에 몇 차례 출제된 사항

問	解答番号	正解	問	解答番号	正解
問1	1★	②	問14	20	③
問1	2	④	問15	21	①
問1	3★	④	問16	22★	②
問1	4	④	問17	23	④
問2	5	①	問18	24	③
問2	6	④	問19	25★	①
問2	7★	②	問20	26	③
問2	8★	②	問21	27	②
問3	9	③	問22	28	②
問4	10★	④	問23	29	④
問5	11	②	問24	30	②
問6	12	③	問25	31	③
問7	13	④	問26	32★	①
問8	14	③	問27	33	①
問9	15	①	問28	34	④
問10	16★	④	問29	35	①
問11	17	③	問30	36	③
問12	18★	③	問31	37★	④
問13	19	②	問32	38	①

해설

問1(1) 1 ②アメリカの大統領選挙は，間接選挙である。

問1(4) 4 ④労働力人口の減少への対策として，女性や高齢者の労働参加の促進が図られている。

問2(2) 6 人口が少なく，小麦の栽培や酪農が盛んなカナダは食料自給率が高い。フランスはEU最大の農業国であるが，カナダには及ばない。

問2(4) 8 外国人観光客の旅行中の宿泊費や飲食費は，サービスを受けたことに対する支払いであり，サービス収支に計上される。

問3 9 対価を支払うことなく消費できる財は，価格が0でも入手できるので，常に超過供給になる。

問4 10 ④このことを価格の下方硬直性という。

問6 12 ③農家の自家消費は，市場で取引されたとみなすので，GDPに算入される。

問7 13 日本は，65歳以上人口が総人口に占める割合（高齢化率）が高まっている。高齢者の多くは貯蓄を取り崩して生活するので，高齢化率が高まれば貯蓄率は低下する。したがって，Cが日本。アメリカは伝統的に家計貯蓄率が低いのでB。残ったAがドイツ。

問8 14 最初の a の前に「将来」とあるので， a は将来の世代が当てはまる。 b は同一の世代が当てはまる。国債の満期時に支払われ，償還される利子や元金は，満期時に徴収された税金の中から支払われる。したがって，お金は同一の世代を移動しただけである。

問9 15 所得税は税収の柱であるので，Aが当てはまる。二度の税率引き上げがグラフ中で明確なCが消費税。リーマン・ショック時に大きく減少しているBが法人税。

問14 20 2000年代以降，アメリカはODA実績で常に1位であるから，Aが当てはまる。日本は近年4位か5位を推移しているので，Cが当てはまる。Dは対GNI比の高さから，スウェーデン。残ったBがドイツ。

問16 22 到着地の時間に合わせて考える。ダカール発は，パリの時間で午前0時。したがって，ダカールからパリまでの飛行時間は5時間30分。パリ発は，東京の時間で午後9時。したがって，パリから東京までの飛行時間は12時間。この二つを合計すると，17時間30分。

問19 25 Aはチリが1位なので，銅鉱。Bはオーストラリアが1位でブラジルが2位なので，鉄鉱石。Cはオーストラリアが1位でインドネシアが2位なので，石炭。

問20 26 梅雨前線が見られる③が6月の天気図。

問24 30 ①国会が憲法改正の発議をするためには，各議院の総議員の3分の2以上の賛成が必要である。

問26 32 ④地方公共団体の歳入は，従来から地方交付税や国庫支出金などの依存財源の割合が高かった。

問28 34 ④関税同盟とは1834年発足のドイツ関税同盟のこと。

問29 35 ②ニュージーランドは，1893年に男女普通選挙制を導入し，1907年に自治領になった。

제 9 회

정답

★「종합과목」에서 과거에 몇 차례 출제된 사항

問	解答番号	正解
問1	1	②
	2★	④
	3	①
	4	①
問2	5★	④
	6★	②
	7	④
	8	③
問3	9★	③
問4	10	②
問5	11	①
問6	12	②
問7	13★	②
問8	14★	④
問9	15	②
問10	16★	①
問11	17★	③
問12	18	④
問13	19	②

問	解答番号	正解
問14	20	④
問15	21★	②
問16	22★	④
問17	23	③
問18	24	④
問19	25★	③
問20	26	④
問21	27★	③
問22	28	③
問23	29	②
問24	30	①
問25	31★	③
問26	32★	②
問27	33	②
問28	34	②
問29	35★	①
問30	36	③
問31	37★	①
問32	38	③

해설

問1(3) **3** ③UNDPの説明。④IMFの説明。

問2(3) **7** グレートディバイディング山脈はオーストラリアにあり，古期造山帯に属する。

問2(4) **8** ①ソ連共産党を解散させたのはエリツィン。

問3 **9** 価格の上限が現在よりも低い額とされたのであるから，購入する消費者が増える。

問4 **10** aは，bと政府に労働力を供給しているので家計。bは，aに賃金を支払い，政府から補助金を受け取っているので企業。cは，企業や家計から政府に矢印が向かっているので租税。dは，政府から家計に矢印が向かっているので社会保障給付。

問5 **11** Aは，増減率の値が非常に高いので中国。Bは，一人当たりの排出量が多いのでアメリカ。Dは，増減率が大きくマイナスになっているのでドイツ。残ったCが日本。

問7 **13** X年度が450兆円÷100＝4.5兆ドル，Y年度が480兆円÷120＝4兆ドルであるから，5000億ドル減少した。

問9 **15** 63.0兆円−82.8兆円＝−19.8兆円なので，19.8兆円の赤字。

問11 **17** ①最低賃金を定めているのは最低賃金法。④労働組合法の規定。

問13 **19** イギリスは先進国であるが，アメリカほど一人当たりGDPは高くないので，②が当てはまる。

問14 **20** ロンドンとウェリントンはほぼ対蹠点の関係にあるので，およそ40,000km。

問17 **23** オーストラリアでは，鉄鉱石の産地として北西部のピルバラ地区が，石炭の産地として東部のボウエン地区が有名である。

問19 **25** Aは，高めに推移しているのでコートジボワール。Bは，急激に低下している所があるので，この時期に経済が発展したシンガポール。Cは，2000年代にやや上昇しているのでスウェーデン。Dは，緩やかに下がり続けているので日本。

問20 **26** 表中の貿易相手国を見て解答の手がかりを見つける。Aは，ポーランドやロシアがあるので，その近くに位置するウクライナ。Bは，ブラジルが5位に入っているのでチリ。Cは，西欧の国が多いのでアイルランド。

問22 **28** ①国家の主権が及ぶ水域を領海という。接続水域は，基線から24海里以内の海域（領海を除く）のこと。

問23 **29** ④日本は，主にアジアからの難民を受け入れている。

問26 **32** ②裁判官が全員一致で公の秩序や善良の風俗を害するおそれがあると判断した場合は対審を非公開にできるため，「常に公開」というわけではない。

問27 **33** ③政党の説明。

問28 **34** ①ビスマルクは保護貿易政策を採った。また，リストは発展途上国が自国の幼産産業を育成するためには保護貿易をおこなうべきと主張した。③ドイツ南部で優勢なカトリックを弾圧する文化闘争をおこなった。

問30 **36** 生糸は多くがアメリカに輸出されていた。綿糸は1890年代に主要な輸出品になった。

問31 **37** ③1948年にイスラエルの建国が宣言された。アラブ諸国は宣言を認めず，イスラエルを攻撃した（第一次中東戦争）が，戦争はイスラエルが大勝した。

제 10 회

정답

★「종합과목」에서 과거에 몇 차례 출제된 사항

問	解答番号	正解
問1	1★	②
	2	②
	3	③
	4	①
問2	5	④
	6★	②
	7	①
	8★	②
問3	9	②
問4	10★	①
問5	11	①
問6	12	③
問7	13	①
問8	14★	③
問9	15★	②
問10	16	③
問11	17	④
問12	18★	④
問13	19	①
問14	20	①
問15	21	③
問16	22	③
問17	23★	④
問18	24★	②
問19	25	④
問20	26	③
問21	27	①
問22	28	②
問23	29	③
問24	30	④
問25	31★	③
問26	32	①
問27	33	②
問28	34★	④
問29	35	④
問30	36	④
問31	37★	③
問32	38★	①

해설

問1(1) [1] ①国際連盟は集団安全保障体制を採用した。

問1(2) [2] 日本の女性の労働力率は，イスラム教の国であるパキスタンよりも高く，女性の社会進出が進んでいるアメリカやスウェーデンよりも低いので，Bが当てはまる。

問1(3) [3] ④1957年，外交三原則として「国際連合中心」，「自由主義諸国との協調」，「アジアの一員としての立場の堅持」が示された。

問2(2) [6] ①一般に，立憲主義を採用する国の憲法は，改正しにくい硬性憲法である。③立憲主義の基本原理の一つに，法の支配がある。法の支配は，主権者の恣意的な意思＝人の支配とは対立する原理である。④イギリスは不文憲法の国である。

問2(3) [7] Aは，一次エネルギー自給率が低く人口一人当たり供給が高いので，資源はないが供給量の多い日本。Bは，人口一人当たり供給が低いので，人口の多いインド。Cは，一次エネルギー自給率と人口一人当たり供給の両方がある程度高いので，資源があり供給量の多いアメリカ。Dは，一次エネルギー自給率が非常に高いので，豊富な資源を持つオーストラリア。

問2(4) [8] ②NAFTA発効後は，メキシコからアメリカへの輸出に原則として関税がかからないので，多くの外国企業がメキシコに進出した。

問3 [9] 景気が後退し，企業が設備投資を控える動きが経済全体で強まっているので，需要曲線が左にシフトする。よって，利子率は下落し，貸借される資金量は減少する。

問4 [10] ④大規模な株式会社では，所有と経営の分離が進んでいることが多い。

問6 [12] 付加価値の合計であるから，各段階で生み出された付加価値を足す。10,000＋6,000＋7,000＋7,000＝30,000円。

問11 [17] Aは，租税負担率と社会保障負担率がともに低いので，低福祉・低負担のアメリカ。Cは，租税負担率が高いので，北欧型のスウェーデン。Dは，社会保障負担率が高いので，大陸型のフランス。残ったBが日本。

問14 [20] Aは，世界を大きく上回っているので，先進国のG7。Bは，2019年の値が1970年に比べて大きく上昇しているので，アジアNIES。Cは，上昇してはいるが小幅なので，人口大国が多いBRICS。Dは，低下しているので，経済の低迷が続く国が多い西アフリカ。

問18 [24] 東京やニューヨークが位置する北緯40度付近は，西から東に向かって偏西風が吹いている。

問19 [25] コーヒー豆は赤道近辺の国で栽培しやすいので，Aはコロンビア。Bはパーム油の生産量が最も多い国なので，インドネシア。

問20 [26] Aは一部の期間を除き生産量が最も多いので，中東。Bは2010年代に急増しているので，シェールオイルの生産が増加しているアメリカを含む北アメリカ。Cは1990年代に低下しているので，その時期に経済が低迷したロシア。

問21 [27] 日本とドイツの貿易形態は水平貿易なので，両国が工業製品を輸出する。

問26 [32] ④戸別訪問は禁止されている。

問27 [33] ③NATOが人道的介入をおこなったのは，コソボ紛争のときである。

부록

総合科目 解答用紙

受験番号

名前

【マーク例】

良い例	悪い例
●	◐ ⊗ ◉

鉛筆(HB)でマークしてください。

問題番号	解答欄 1	2	3	4
1	①	②	③	④
2	①	②	③	④
3	①	②	③	④
4	①	②	③	④
5	①	②	③	④
6	①	②	③	④
7	①	②	③	④
8	①	②	③	④
9	①	②	③	④
10	①	②	③	④
11	①	②	③	④
12	①	②	③	④
13	①	②	③	④
14	①	②	③	④
15	①	②	③	④
16	①	②	③	④
17	①	②	③	④
18	①	②	③	④
19	①	②	③	④
20	①	②	③	④

問題番号	解答欄 1	2	3	4
21	①	②	③	④
22	①	②	③	④
23	①	②	③	④
24	①	②	③	④
25	①	②	③	④
26	①	②	③	④
27	①	②	③	④
28	①	②	③	④
29	①	②	③	④
30	①	②	③	④
31	①	②	③	④
32	①	②	③	④
33	①	②	③	④
34	①	②	③	④
35	①	②	③	④
36	①	②	③	④
37	①	②	③	④
38	①	②	③	④
39	①	②	③	④
40	①	②	③	④

問題番号	解答欄 1	2	3	4
41	①	②	③	④
42	①	②	③	④
43	①	②	③	④
44	①	②	③	④
45	①	②	③	④
46	①	②	③	④
47	①	②	③	④
48	①	②	③	④
49	①	②	③	④
50	①	②	③	④
51	①	②	③	④
52	①	②	③	④
53	①	②	③	④
54	①	②	③	④
55	①	②	③	④
56	①	②	③	④
57	①	②	③	④
58	①	②	③	④
59	①	②	③	④
60	①	②	③	④

2021年度・行知学園 合格実績

大学	人数	大学	人数
東京大学	38 名	筑波大学	14 名
京都大学	27 名	横浜国立大学	21 名
一橋大学	28 名	東京理科大学	41 名
東京工業大学	39 名	上智大学	46 名
慶應義塾大学	57 名	同志社大学	25 名
早稲田大学	158 名	立教大学	32 名
大阪大学	34 名	明治大学	46 名
東北大学	22 名	中央大学	47 名
名古屋大学	25 名	青山学院大学	19 名
九州大学	35 名	法政大学	52 名
神戸大学	21 名	立命館大学	132 名
		関西大学	54 名
		関西学院大学	29 名
東京芸術大学	3 名	京都芸術大学	19 名
多摩美術大学	24 名	京都精華大学	31 名
武蔵野美術大学	10 名	東京工芸大学	17 名
		女子美術大学	6 名
		日本大学芸術学部	3 名
		東京造形大学	2 名

统计标准：行知学园统计的合格数据均以签有入学协议并在行知学园上课为准，仅咨询，参加公开讲座未签约入学者不记录在榜。本合格榜包含留学生入试、一般入试、AO入试、SGU入试等途径合格者。

行知学園 COACH ACADEMY

新大久保校　大阪校　高田馬場校　京都校
上海总部　长沙校　天津校
西安校　武汉校　沈阳校

扫码咨询

교육으로 세계를 연결하는 회사 코치학원의 서적

유학생을 위한 진학예비교와 일본어학교 운영, 서적출판과 교재개발, 모의시험과 취직지원 사업 등, 폭넓게 사업을 전개하는 코치학원.

진학예비교는 중국인 어학연수생의 일본 국내 재학생수가 업계 탑을 자랑합니다. 장기간의 연구·분석에 의한 교재개발 능력을 강점으로 작성된 교재는 일본유학시험과 대학입시 대비에서 빼놓을 수 없는 것으로서 높은 평가를 받고 있습니다.

인기 판매 최신 서적

지도와 그래프가 컬러로 보기 쉽다!

최신 발행 서적

모의고사 문제집. 10회분 수록!

인기서적 『일본유학시험(EJU) 모의시험 시리즈』 한국어판

EJU에 출제된 문제를 철저하게 연구·분석하여 작성한 모의시험문제 10회분 수록!

편저

코치학원교육총서
EJU 일본유학시험대비 모의고사문제집 종합과목

발행일	2022년 8월 12일 초판 제1쇄
편저자	코치학원 주식회사
발행인	송부영
발행처	(주)해외교육사업단
출판등록	제16-1456호
주소	서울시 서초구 강남대로 381
전화	02-736-1010
이메일	song@hed.co.kr
홈페이지	www.hedgroup.co.kr

* 본사에서는 소중한 원고, 새로운 기획의 제안을 기다리고 있습니다.
* 이 책은 저작권법에 의해 보호를 받는 저작물이므로 무단 전재와 복제를 금합니다.
* 잘못된 책은 구입하신 서점이나 본사에서 교환해 드립니다.

© 2021 Coach Academy Co.,Ltd. All Rights Reserved.